Other NYQ Books by Richard Kostelanetz
Ouroboros (2014)
Recircuits (2009)
Roundelays (2016)
Secondouroboros (2020)
Three Poems (2011)

Works of Poetry by Richard Kostelanetz in Other Media
Echo (Silkscreened paper, 1975)
Word Prints (Silkscreened paper, 1976)
Milestones in a Life (Poster, Pittsburgh Poetry on the Buses, 1980)
Antitheses (Hologram, 1985)
Stringtwo (Inkjet print 200' long, 2004)
Warm/Cold (Acetate print, 2004)
Reimagining Rockaway Postcards (Paper prints, 2004)
The East Village (Paper prints, 2004)
Black Writings (Inkjet prints, 2010)
Shorter Ouroboros (Jars, 2011)
Art (Acetate print, 2013)

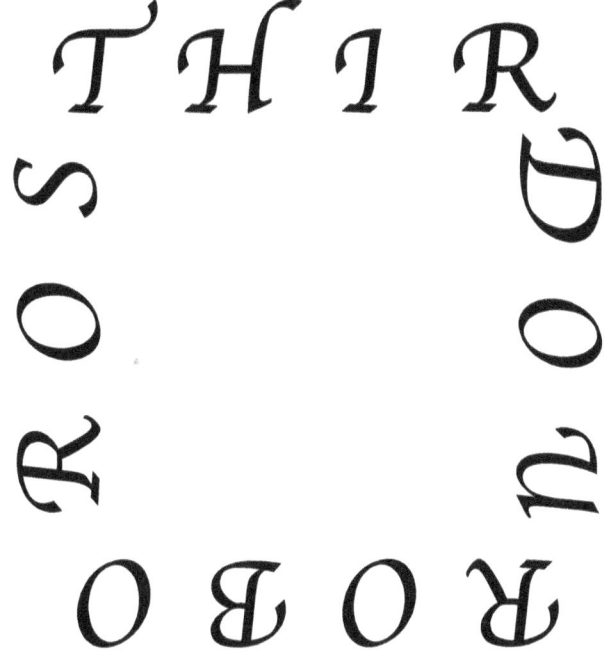

THIRD OUROBOROS

Richard Kostelanetz

NYQ Books™

The New York Quarterly Foundation, Inc.
Beacon, New York

NYQ Books™ is an imprint of The New York Quarterly Foundation, Inc.

The New York Quarterly Foundation, Inc.
P. O. Box 470
Beacon, NY 12508

www.nyq.org

First Edition

Layout and Design by Andrew Morinelli

Library of Congress Control Number: 2021949094

ISBN: 978-1-63045-087-8

For friends who have stayed friends.

n *c*

e

o

m

m

n *i*

x

e

t

t

i

c

u

u

n

i

n

c

r

o

e

n

d

r

e

o

v

e

m

e

n

e

f

t a

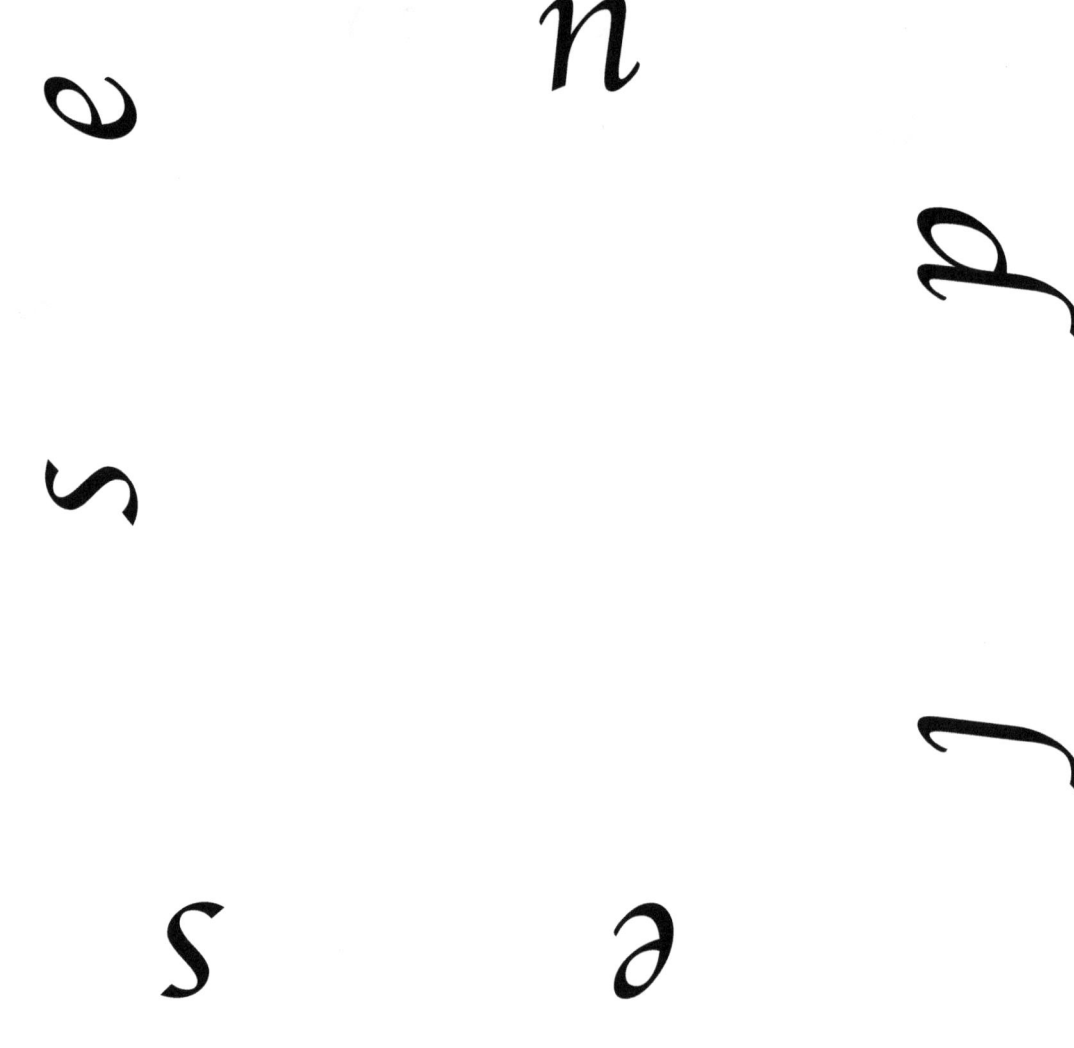

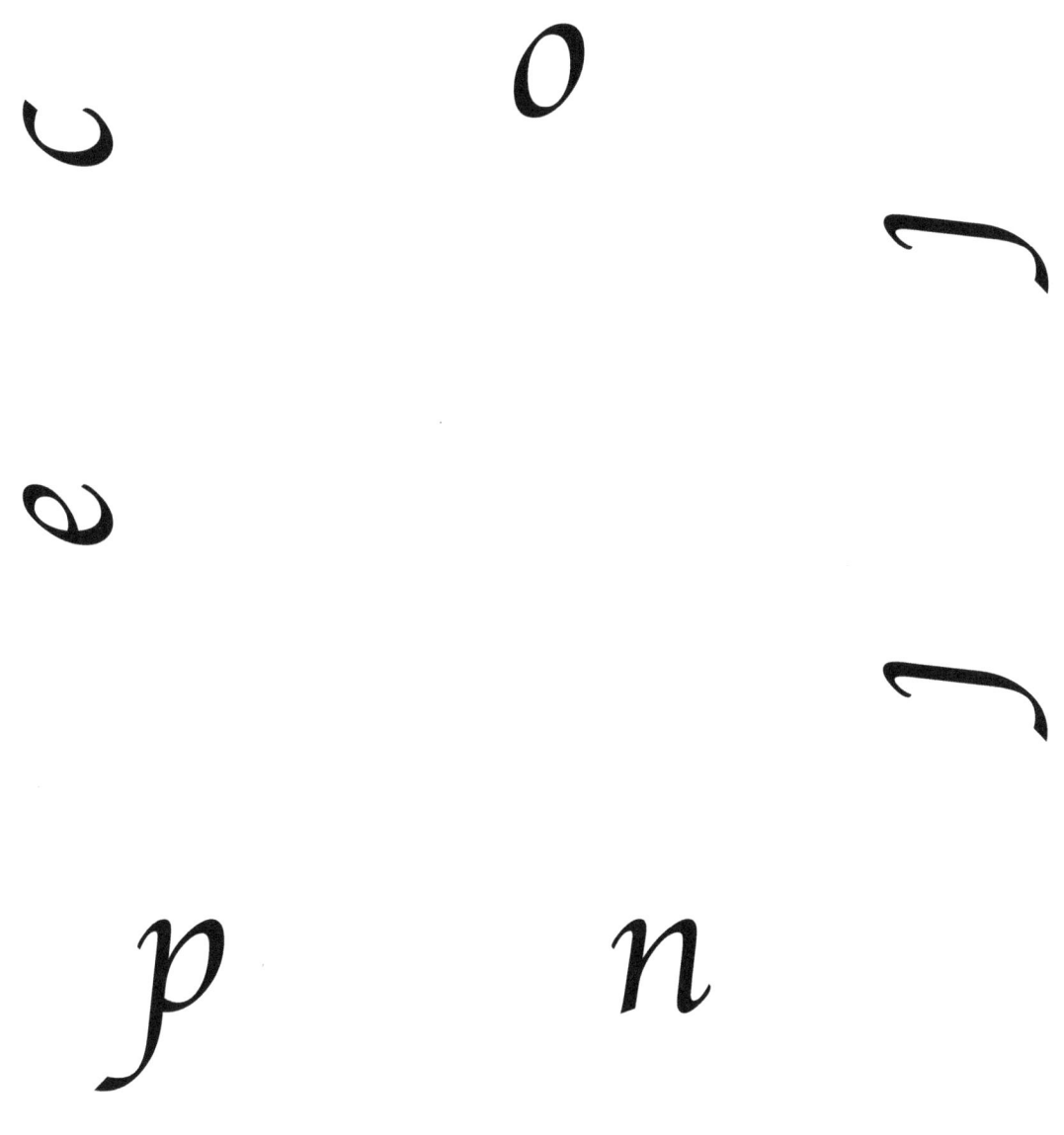

n

e

B

h

J

s

i

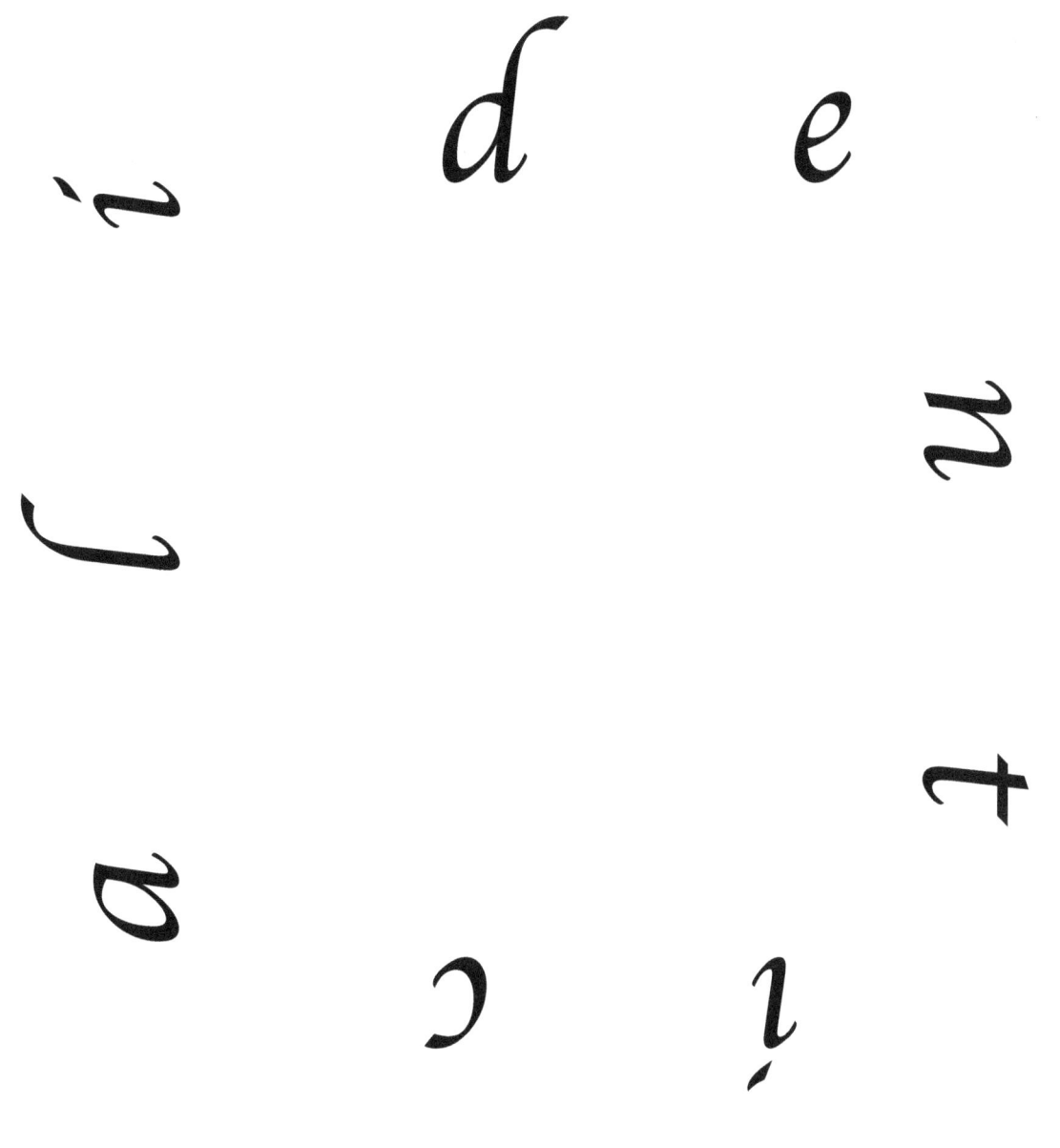

thermos

s t a

e t

t a n

n

i

s

t

J

n

n

a

e

t

d

s

e

a r r ə s t

n

i

t

t

u   ∂

a b y r s a m

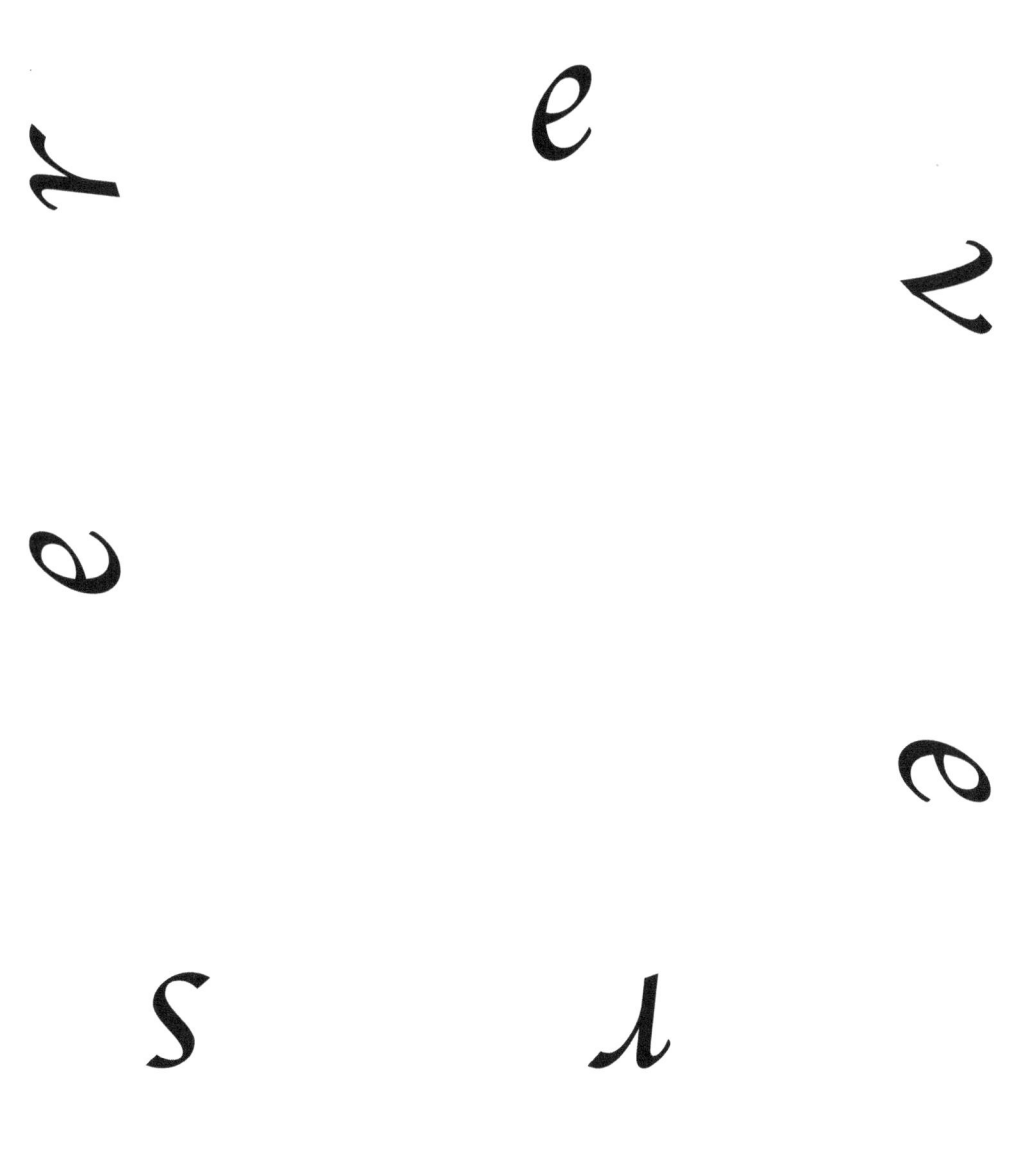

s

e

t

y

u

a

r

o

n

e

u

i

r

e

ß

e

m

i

a l t

m r

s i u

r

e

t

a

u

i

d

o

e

n

j

g

o p t i m i s m

m

i

p

r

o

o

t

s

n

u

s

ʃ

S

ə

m

a

r

u

ə

ß

g

i

n

e

o

r

m

e

i

e

ℬ

t

a

r

s

e

r

ɒ

o

y

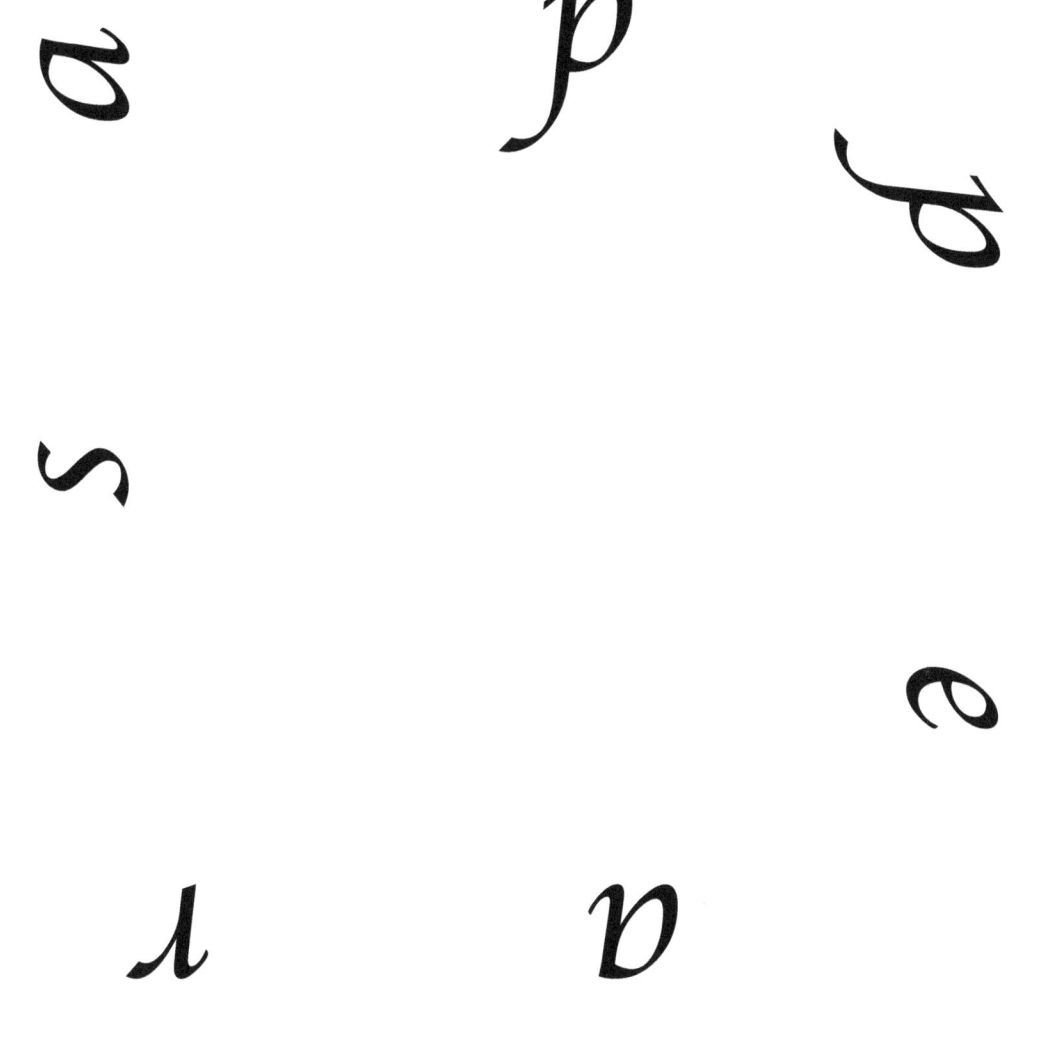

u

t

o

n

d

a

i

p

p

o

o

m

n

i

s

a

y

p

a

ə   m

n

u

s

n

∂

∂

a

p

d

t

o

u

i

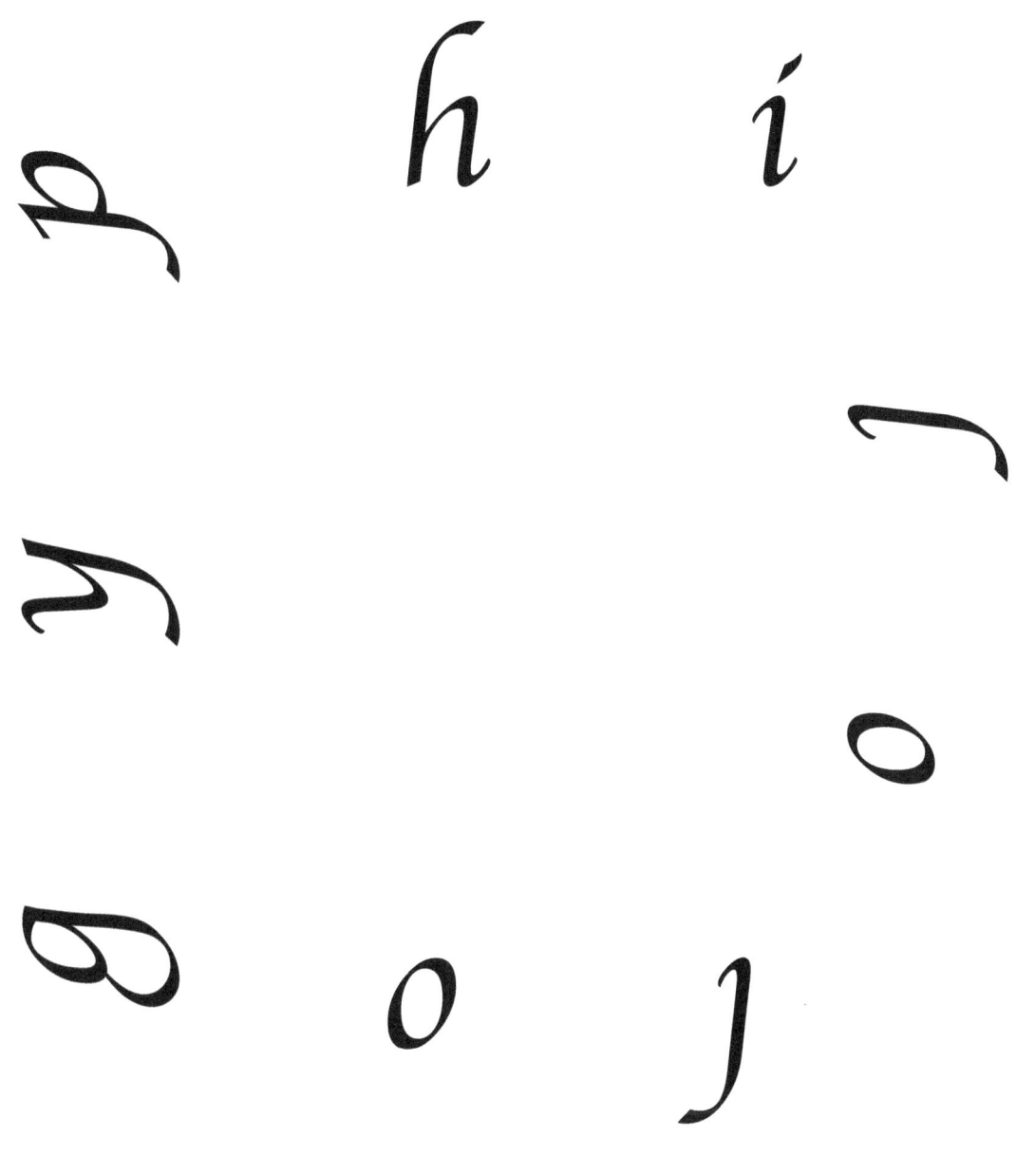

o

n

t

e

t

a

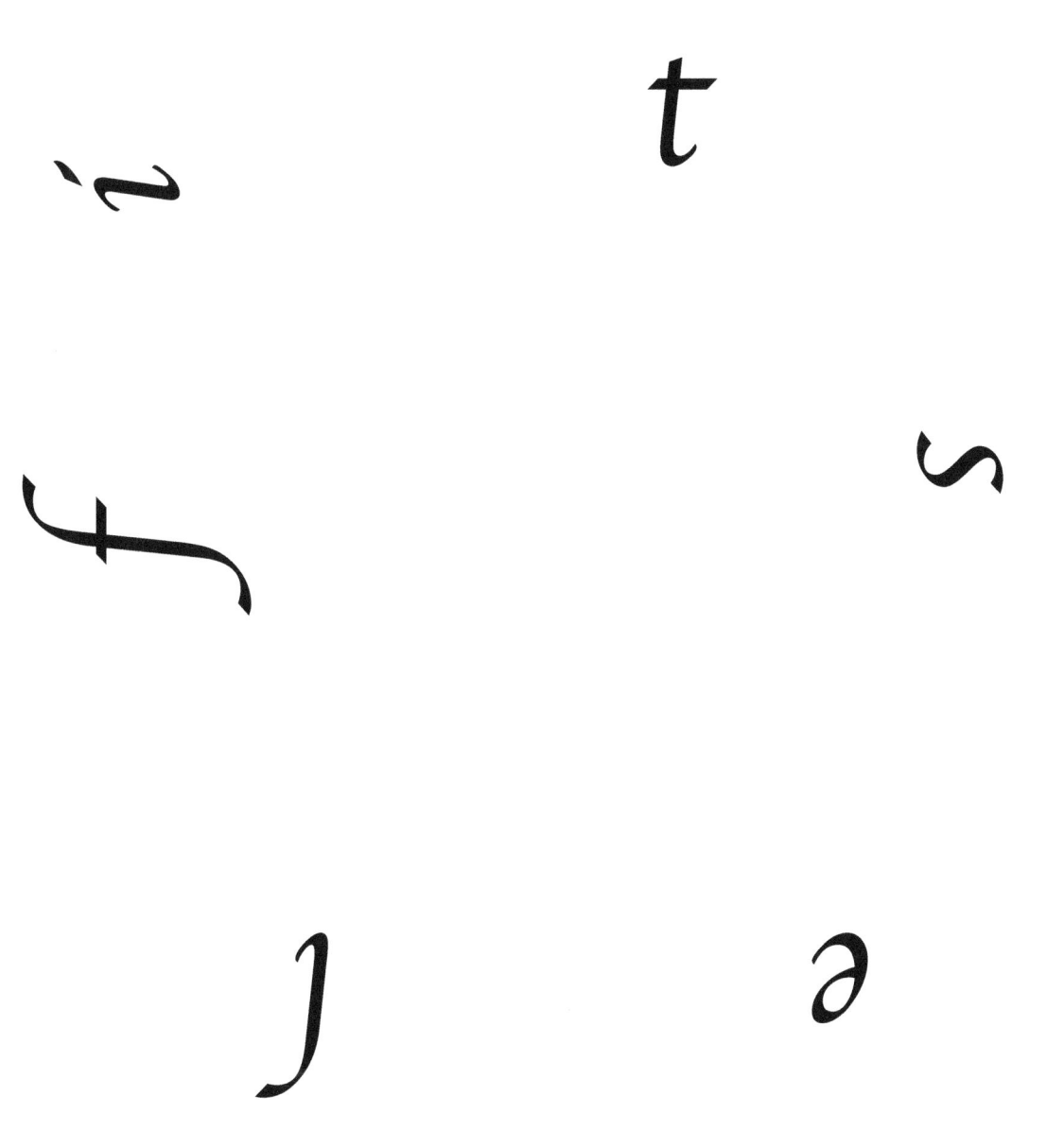

p a r s t e d

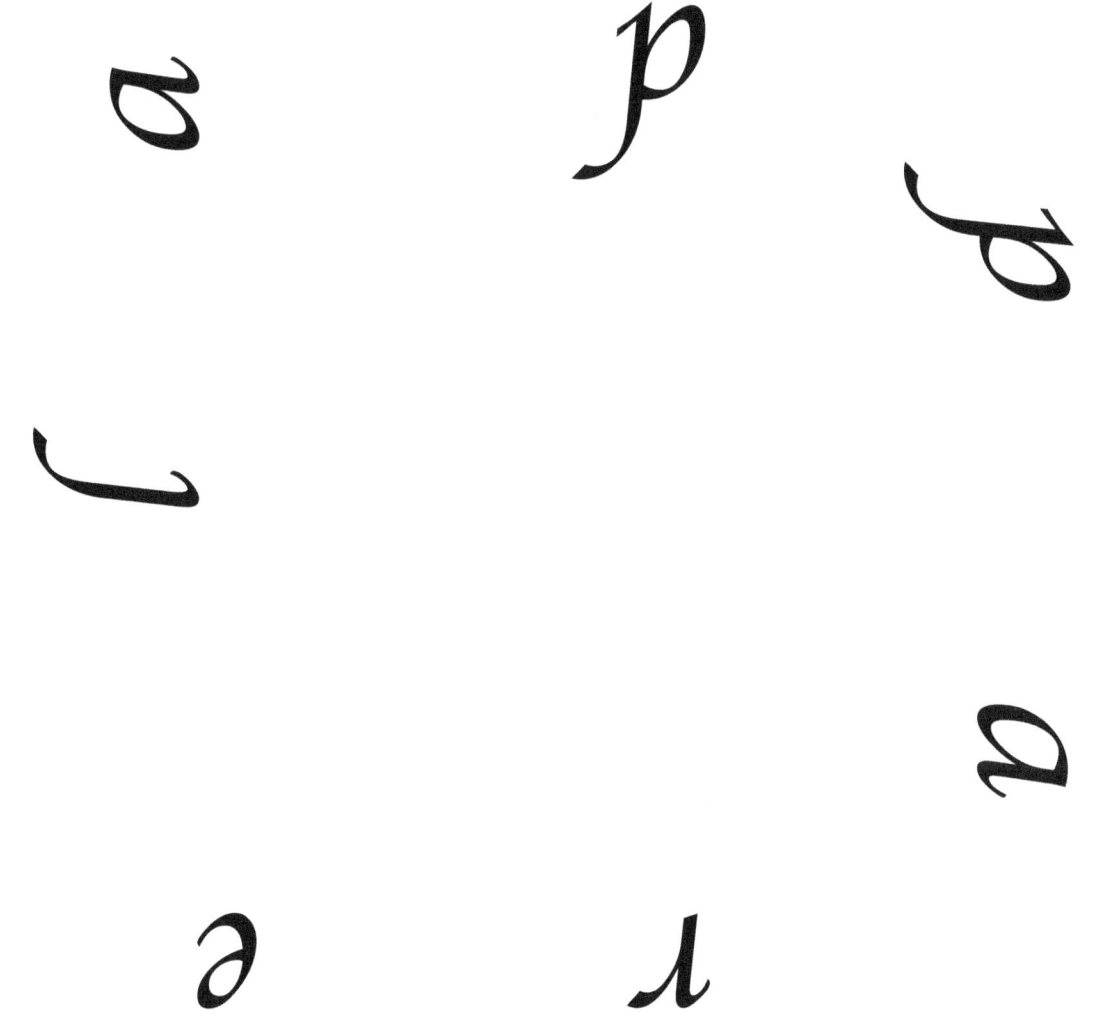

s

t

a

i

m

B

e

t

a

m

m

a n t e g e j j u m

n

u

c

u

t

o

i

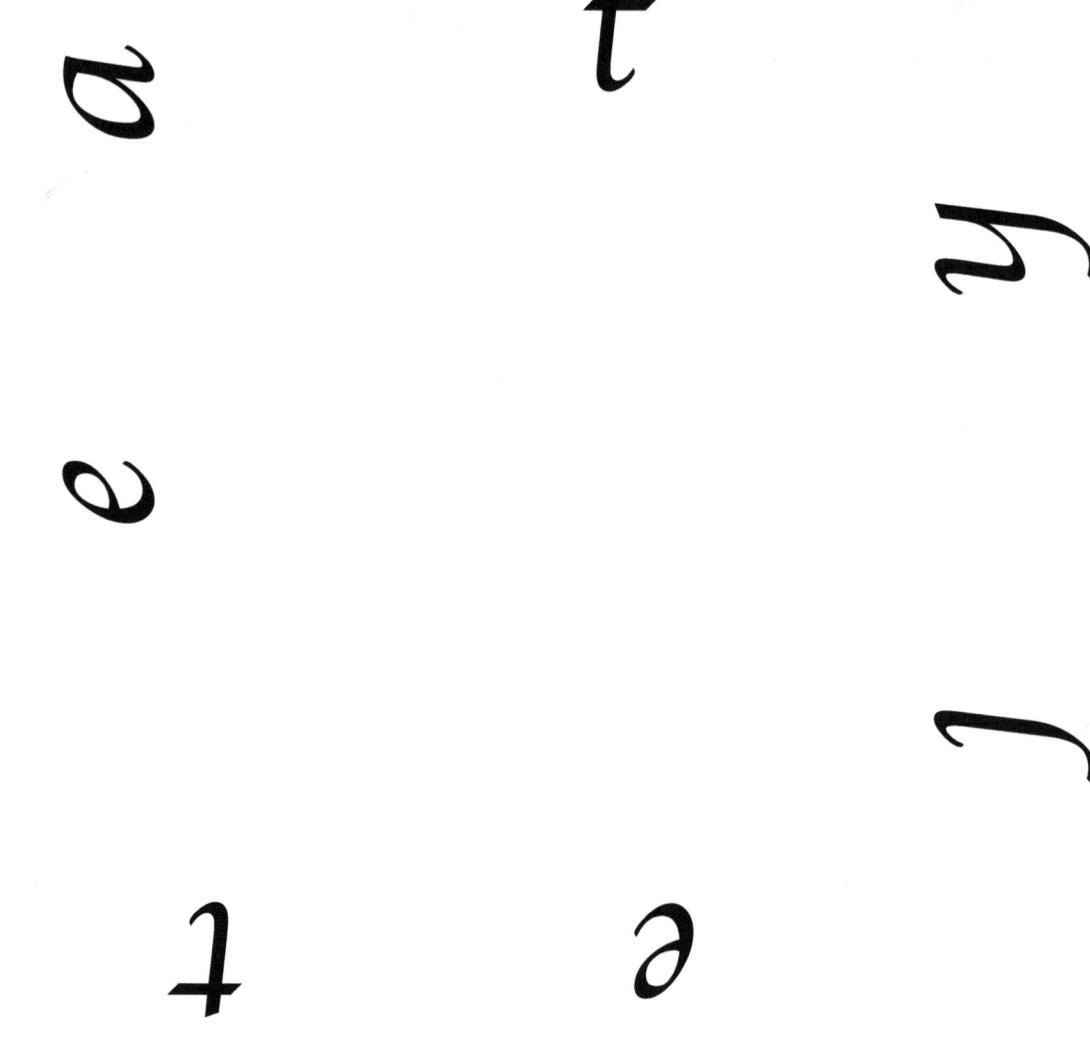

b s

a   o

t   r

n   g

        e

a s

y

m

a r

s

t

u

e

m

j

g

s

a

s

e

y

J

o

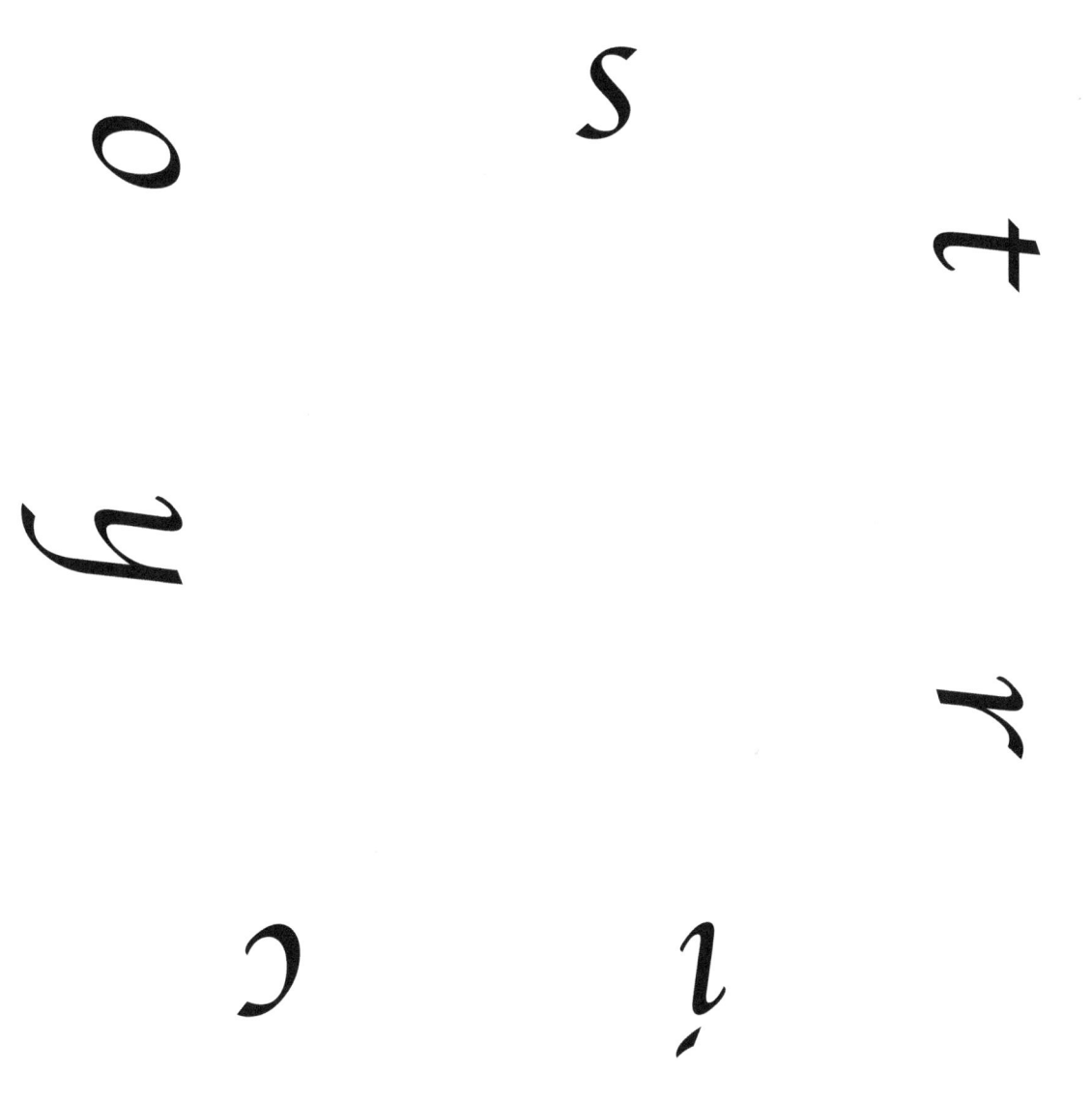

a

r

t

e

i

j

c

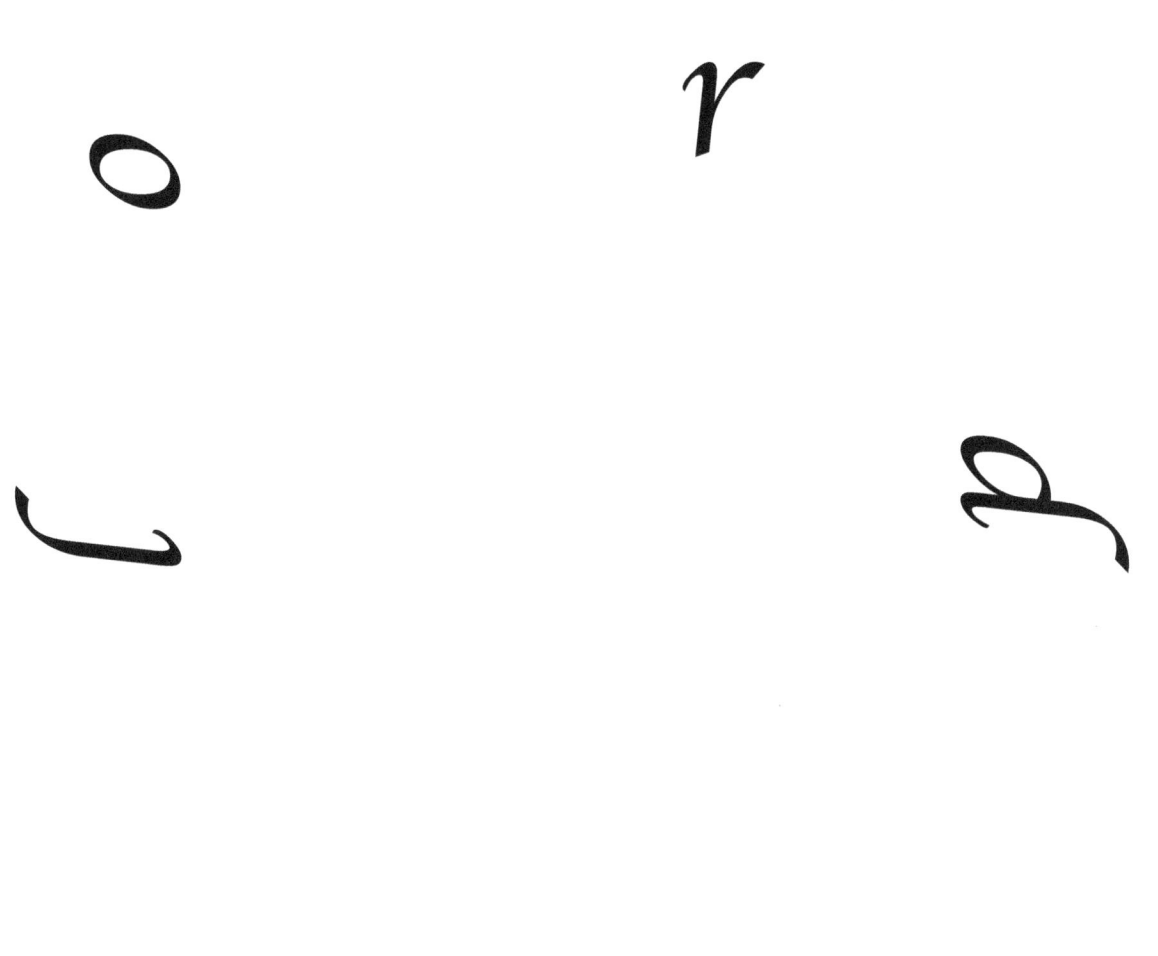

n

a

v

m

β

a

r

e

g

a

r

v

ə

s *t* *i* *i* *m* *j* *n*

n t i a e u l g i b

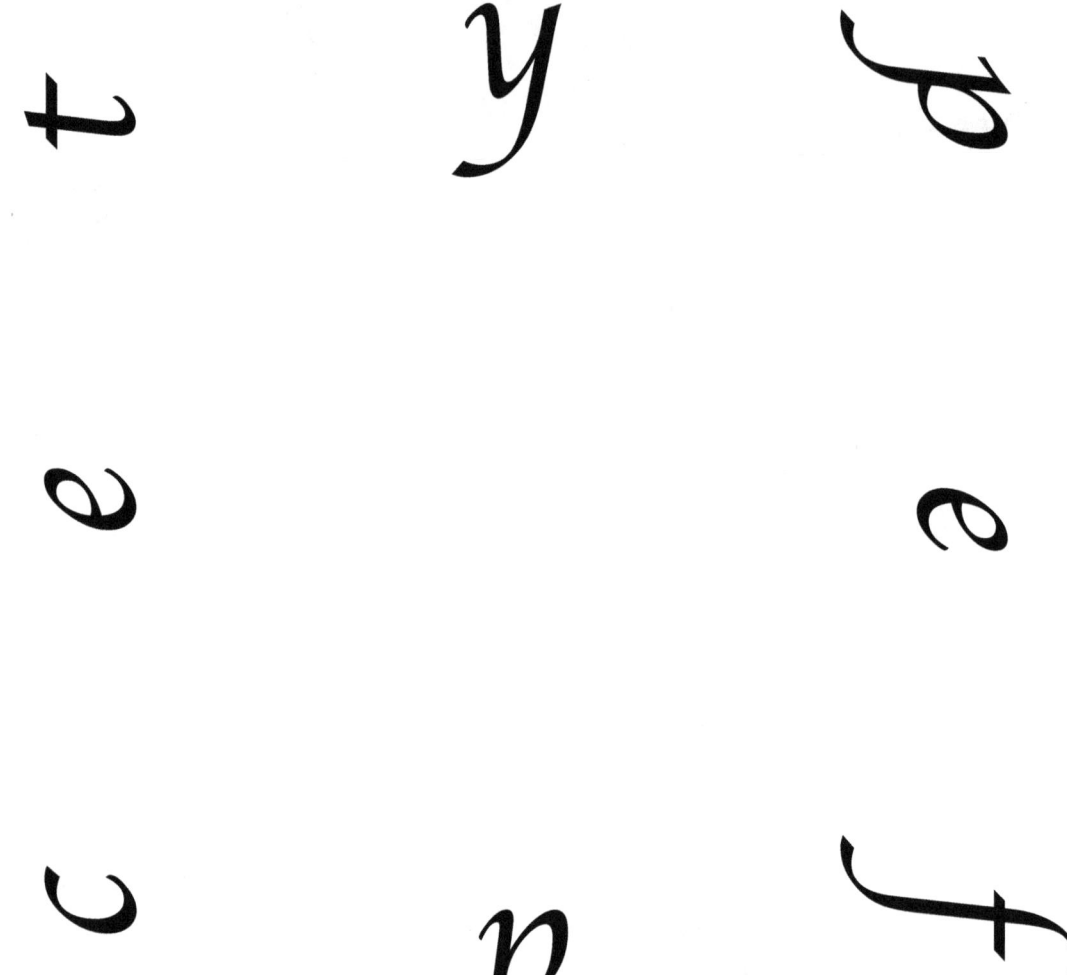

r

e

t

r

u   a

u m p t e ə n t y

a

e

r

y

t

J

y

s

e

t

t

i

a   m

n   *n*

i

t   *o*

u   *ə*   *c*

r

t

i

e

c

J

g

a

r

r

e

g

n

i

t

c

e

h

g

u

i

n

n

p

e

c

e

i

m

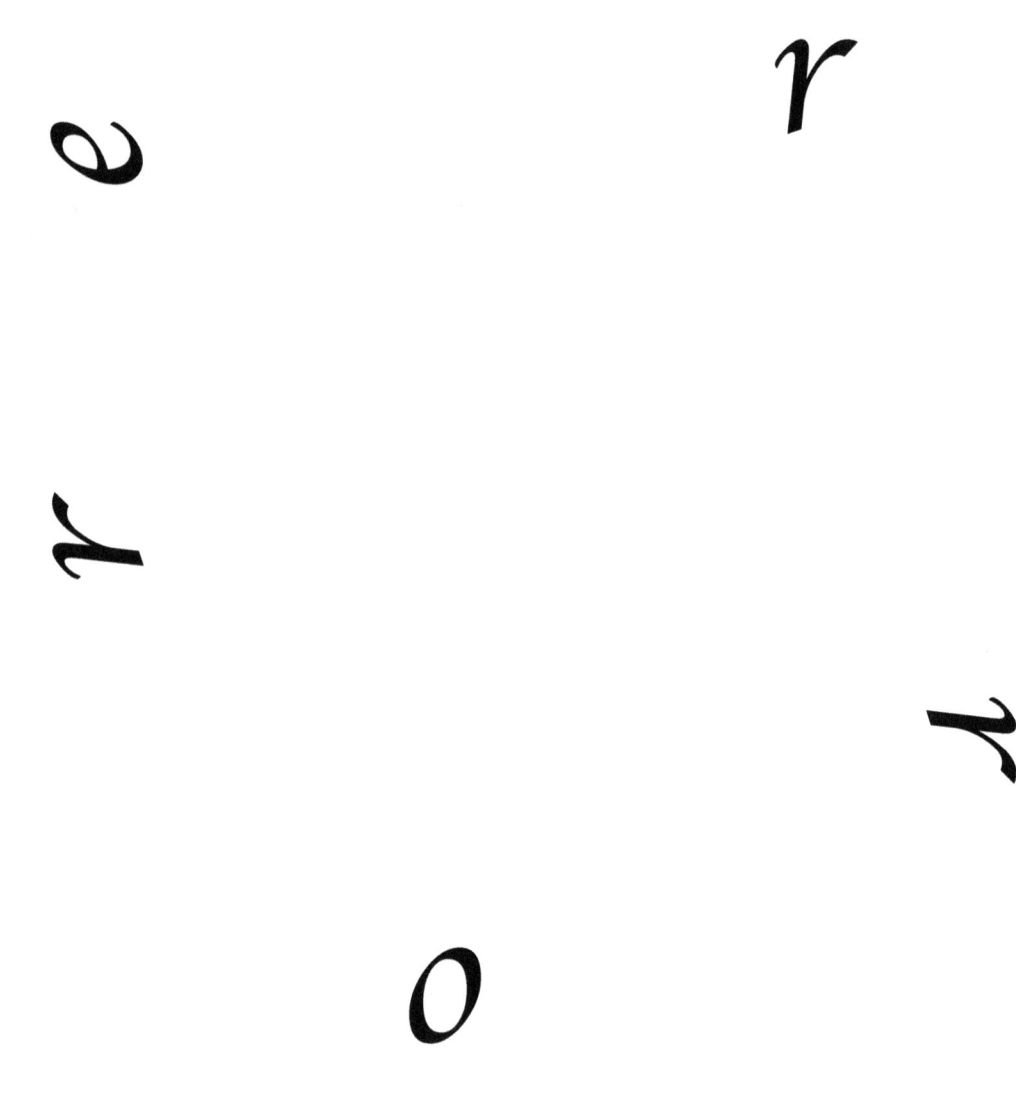

a

r

t

p

u

ə

n

e

p

e

u

t   o

u

t

e

∫

n

i

c

g

a

r

e

j

g

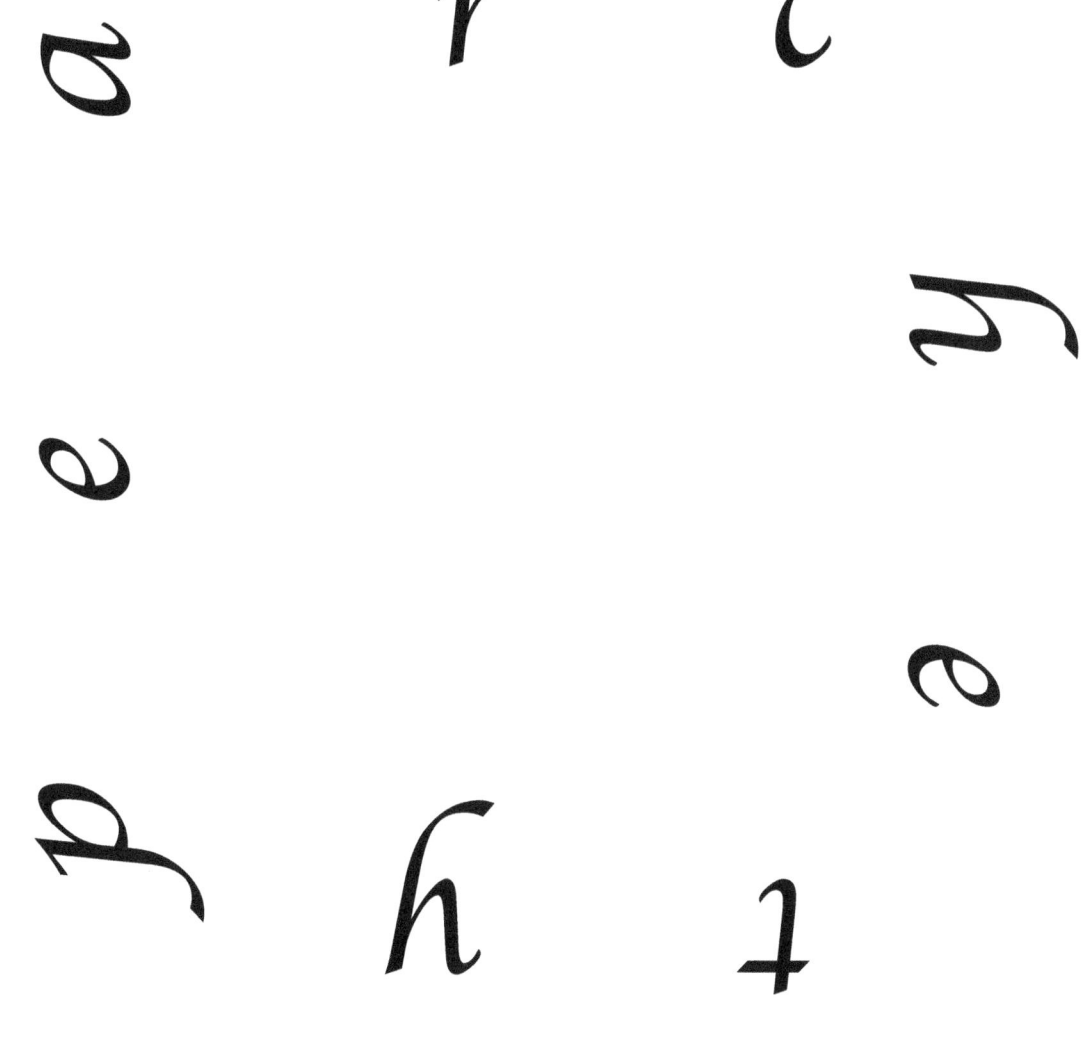

i t m i d u n a

d

n

e

e

c

t a

a r t

c i

i t s

infinities

p e r a s u o

a m p

e n

t a t

m

i

e

r

b

a

e n z

e e

d o f

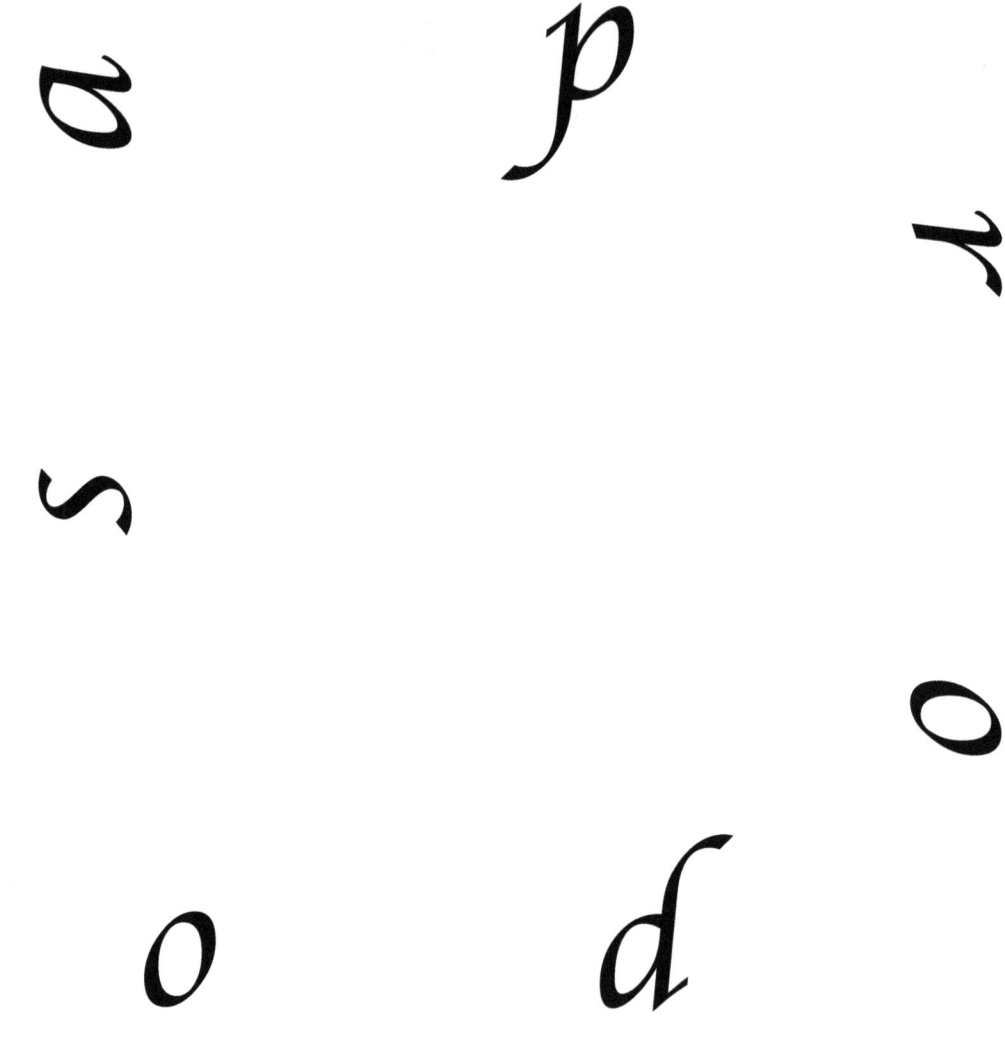

d　　e　　t

c　　　　　　　e

e　　　　　　　r

　　n　　　ə

c a s u a v

y

o

t

r

ə   n

y

a

u

t

p

n

o

n

i

s

e

r

n

n

u

g

f

e

e

i

j

e   x   t

t   r

a   c   i

o

u

t

y

a

j

i   *n*   *d*

t   *e*

  c

u   *ə*

l

i

t

s

n

u

m

e

i

ℓ

t

J

p

l

a

o

c

g

i

n

u

c

r

f

a

ə

c

a

r

s

e

s

ə

ʃ

s t i

u

w

J n

s t a t n r e

n

p

i

t

i

c

r

e

s

a

i

m

a

a

u

b

a

n

a

t *r* *i* *e* *b* *a*

m

a

e

s

p u

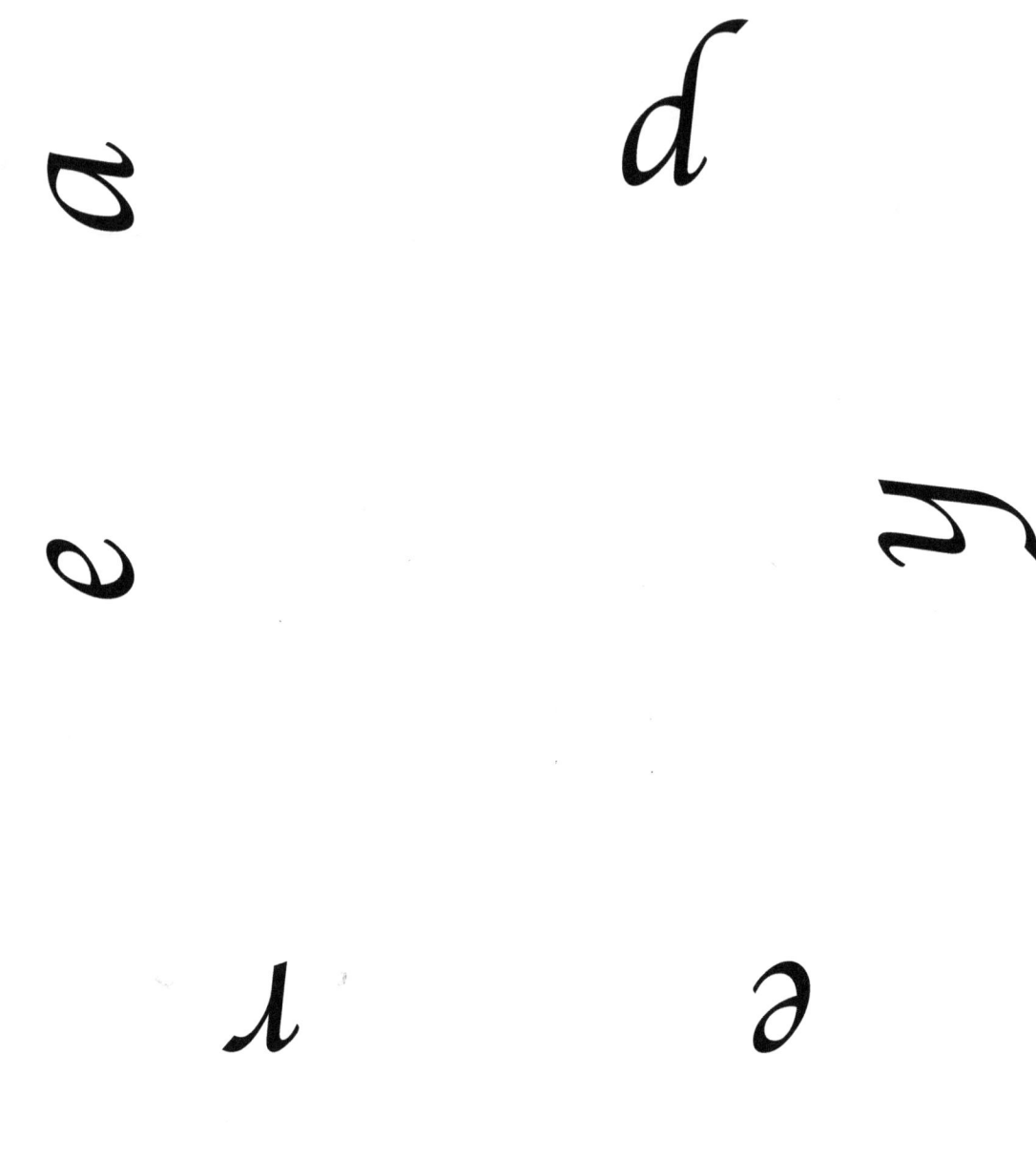

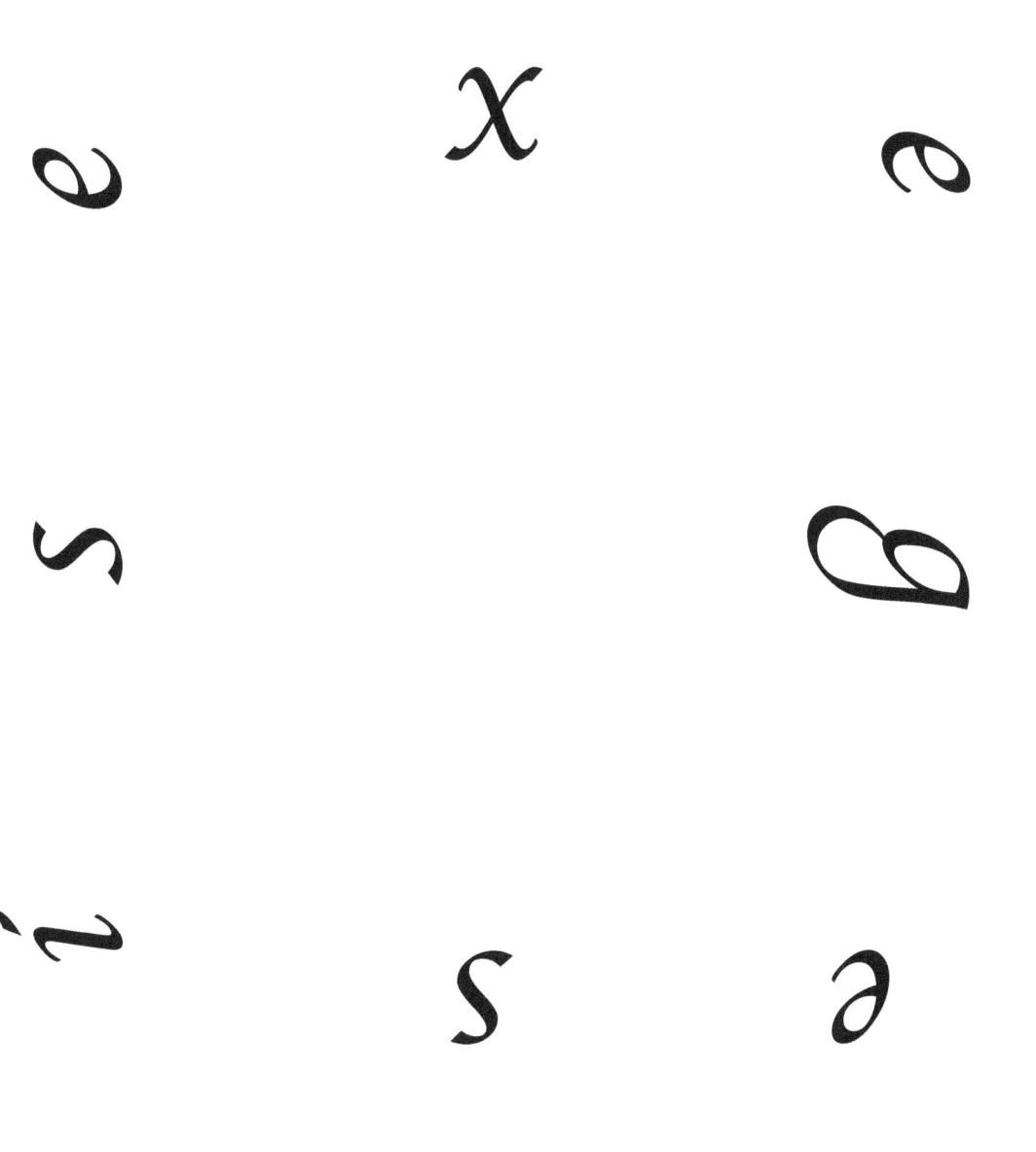

v e n e r a g l e

n

a

v

c

r

i

y

c

y o p

s e

s e f

n t

i

l e

a r B

r

a

r

e

a

g

u

a

l

p

s

s

∂

n

a

v

c

ℬ

i

ℬ

o

d

a

v

t

m

n

a

h e c a a p

n

i

c

s

u

n

g

a s s j i a

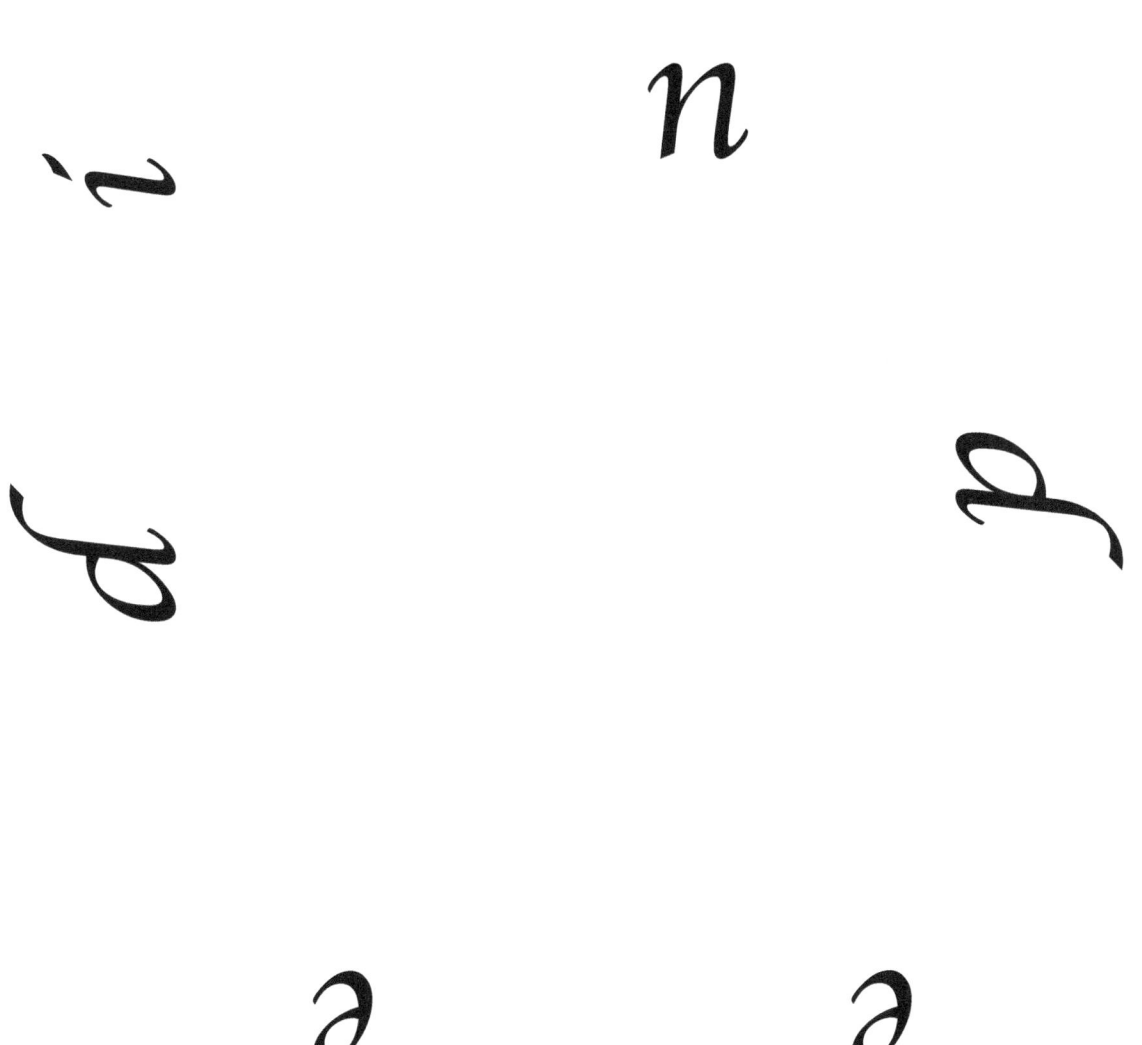

m a

a n

r t

m   a

e   u

b   v

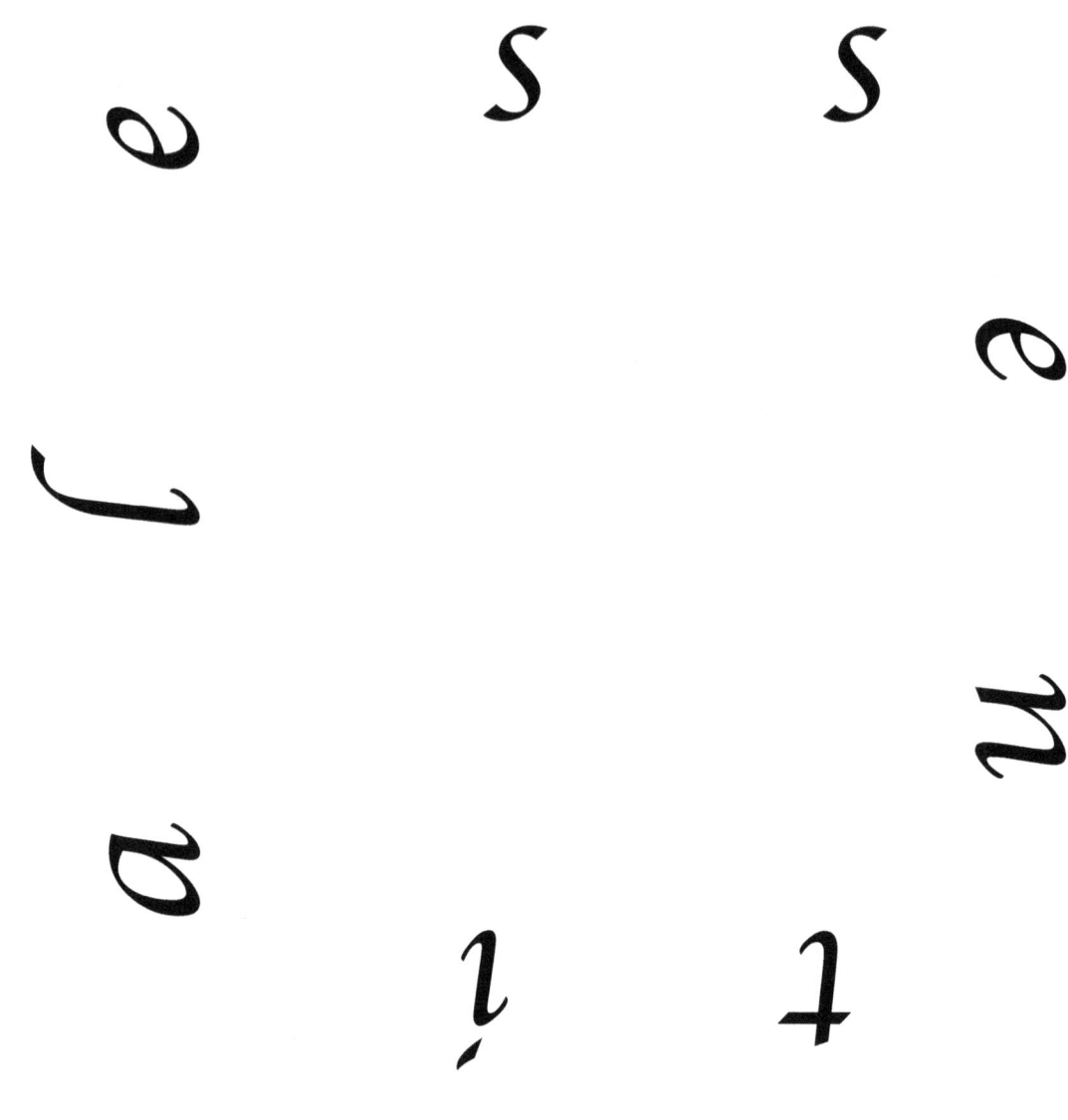

m

i

r

d

i

a

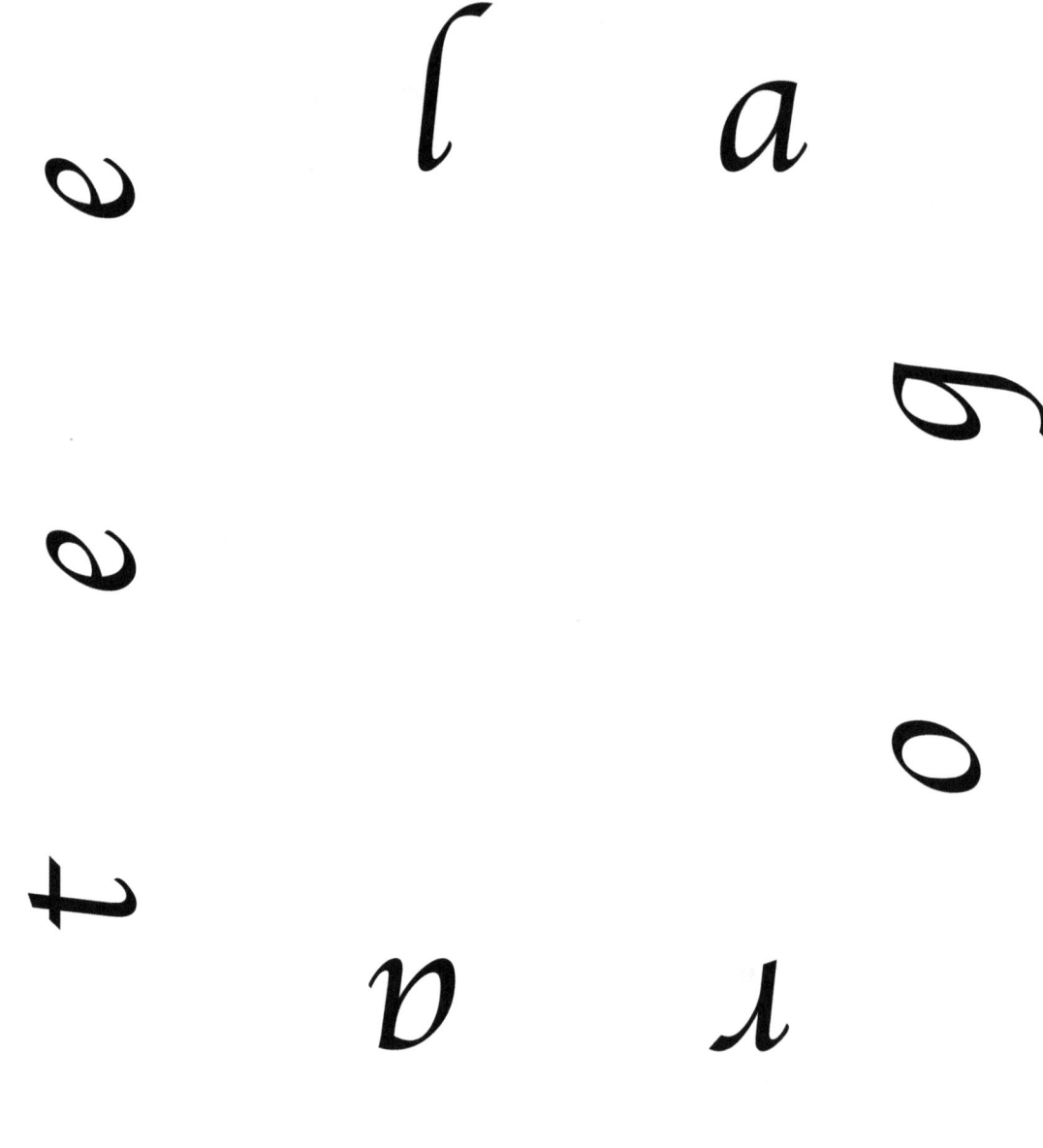

a

l

m

e

r

n

a

t

m

o

h

u

o

u

t

t

i

f

n

a

t

r

i

a

w

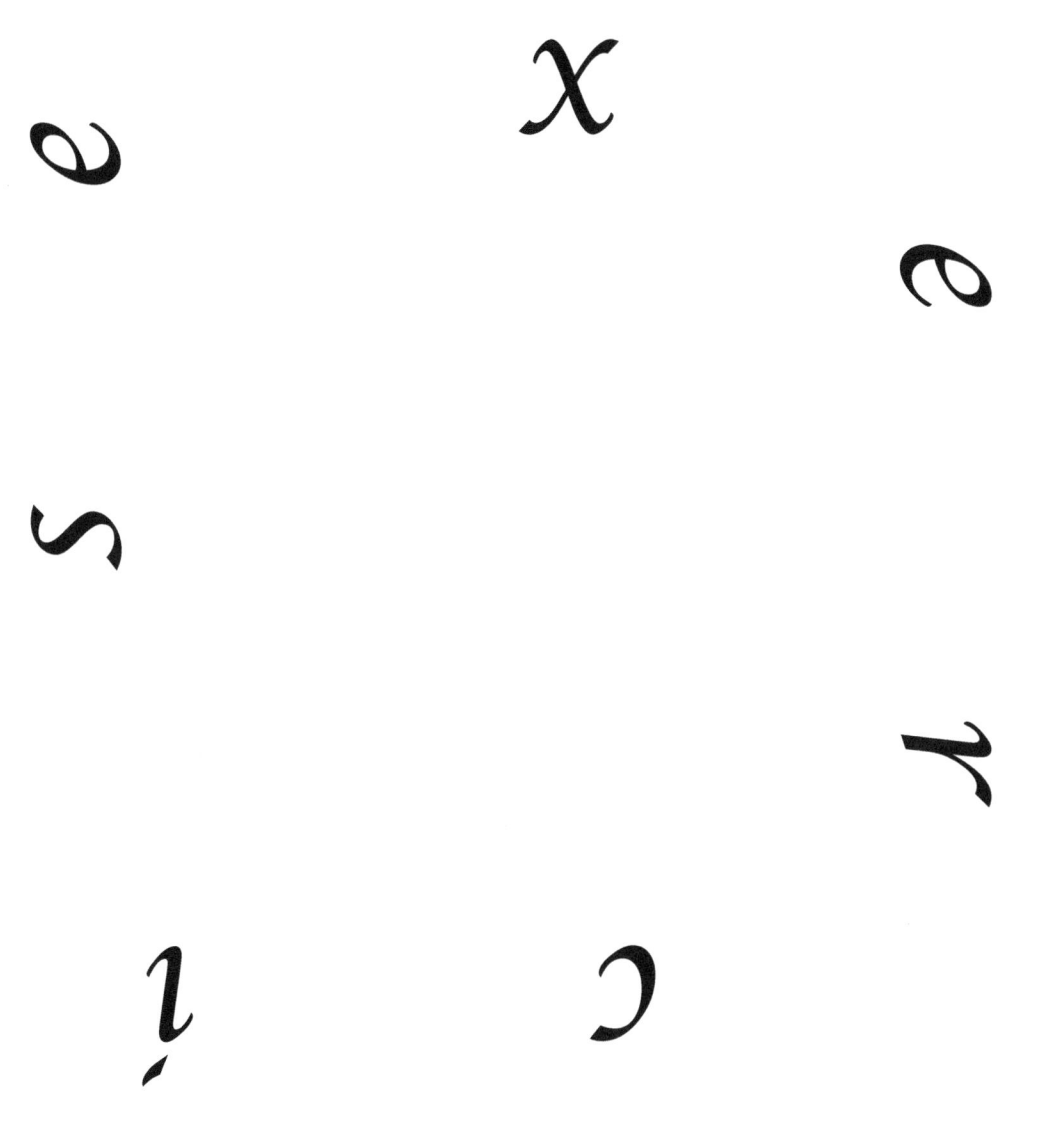

s

t

a

e

g

j

i

a

f

f

e

a

j

g

t u r

e u

l g a

d

a

2

6

r

ə

m   *i*

u

u

m   *i*

s

t

r

e

v

a

β

u

w

i

o

u

p

r

e

ɒ

y

J   J

n

g

∫

t

i

s

∂

e

v

n

e

t

r

n

n

e

c

t

y

u   a

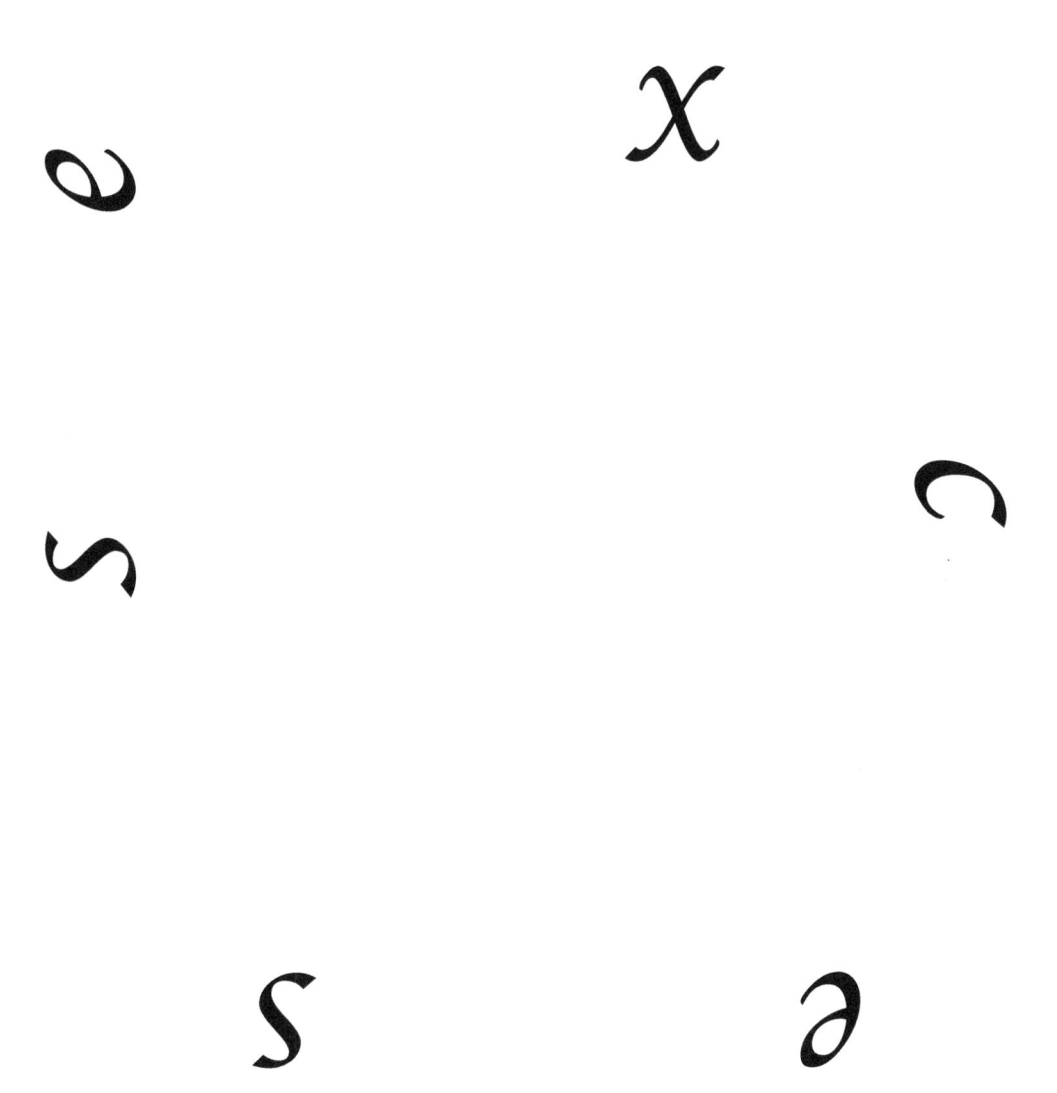

a g e

s

u

a p

a

n

c

r

o

y

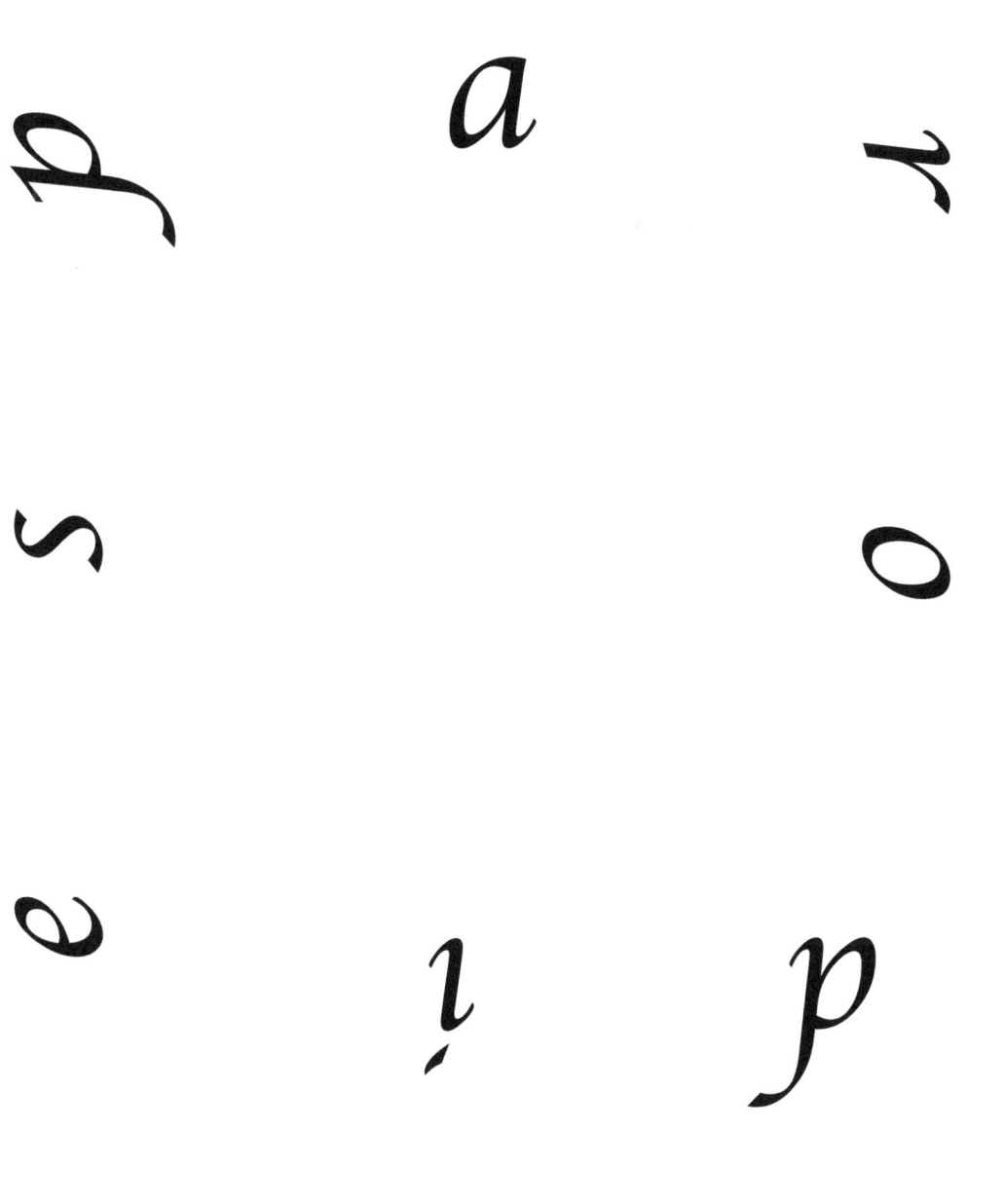

o

t

g

o

a

c

c

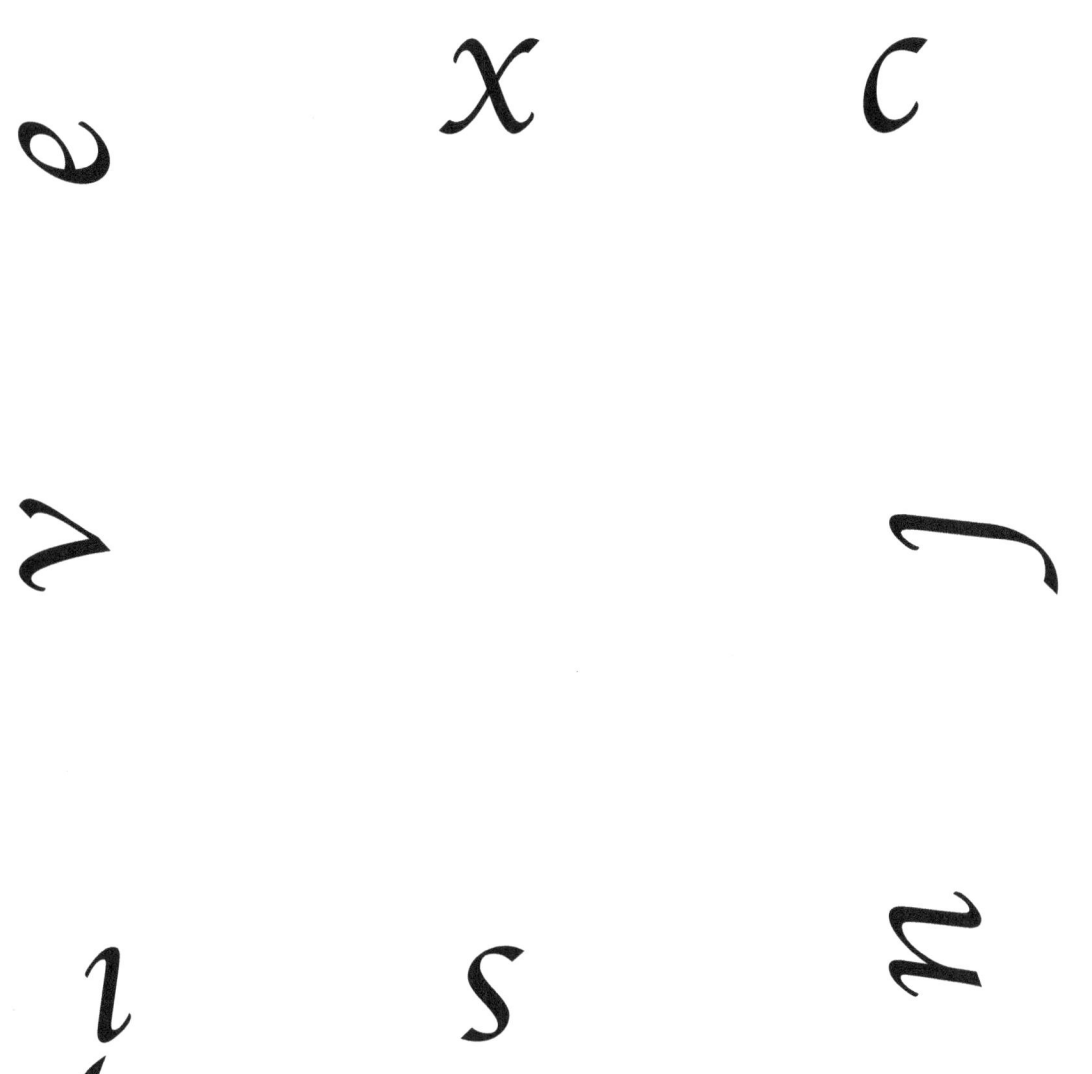

d

a

m

e

r

i

o

d

s

i

n

o

a

r

c

c

i t

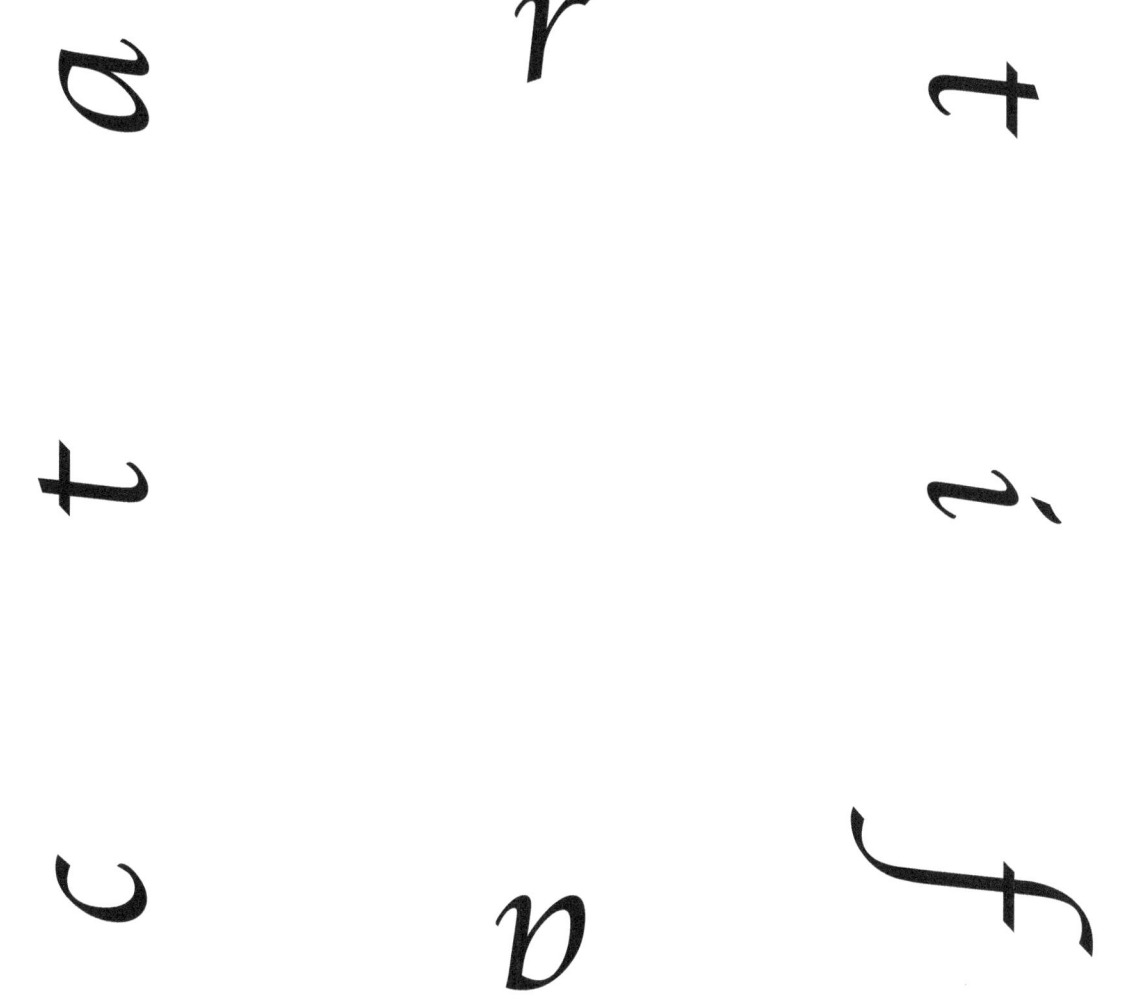

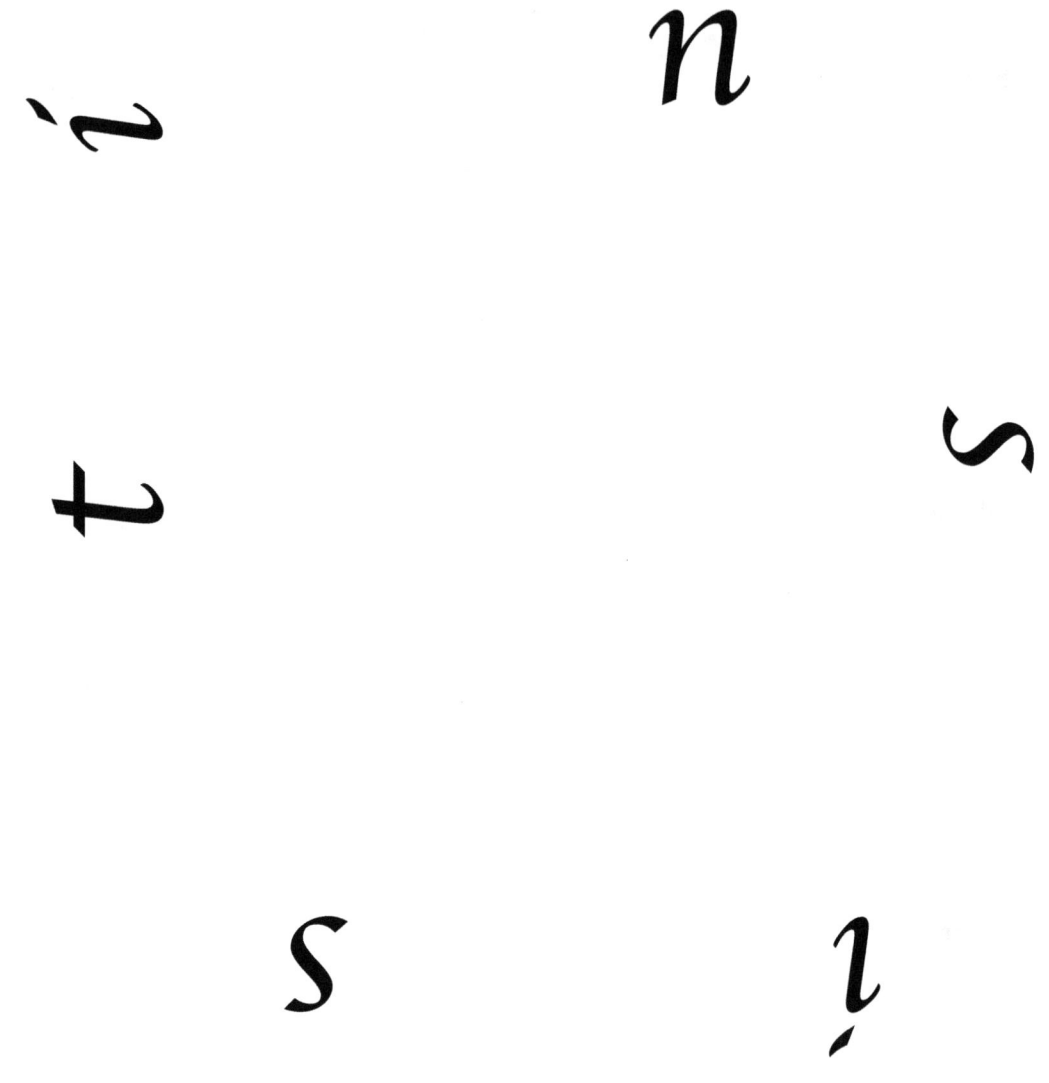

a

s

e

t

t

n

n

i

m

s

a

e

t

n

b

u

ə

s

t

i

a n t i c e p t i c

a b a n u o p

g l e

r a

ə y c

n

i

t

t

c

a

extension

d

i

d

a

J

m   o

t

a

t

h

c

a

s

p

ɐ

ı

ß

u

ı

ɹ

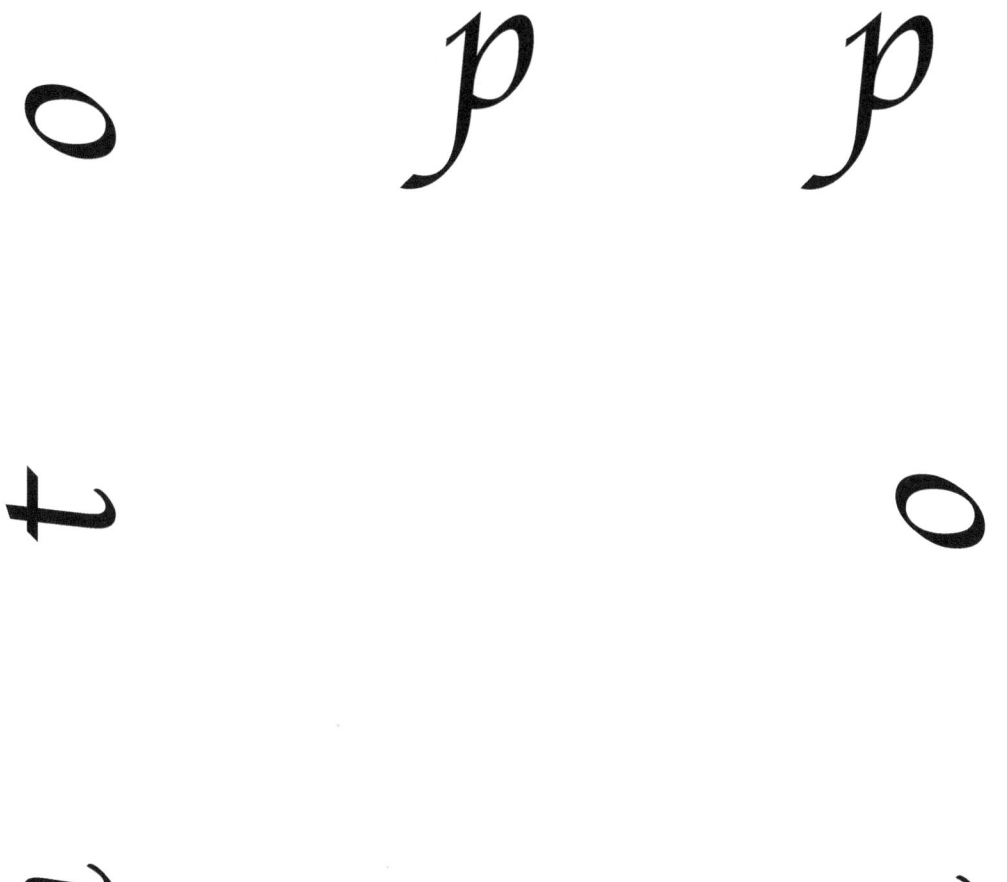

n n

p

g

o

u i

g

l

a

s

p

J

o

i

a

t

y

m

e

s

i

e

s

t

t

a

p

a

s

t

o

y

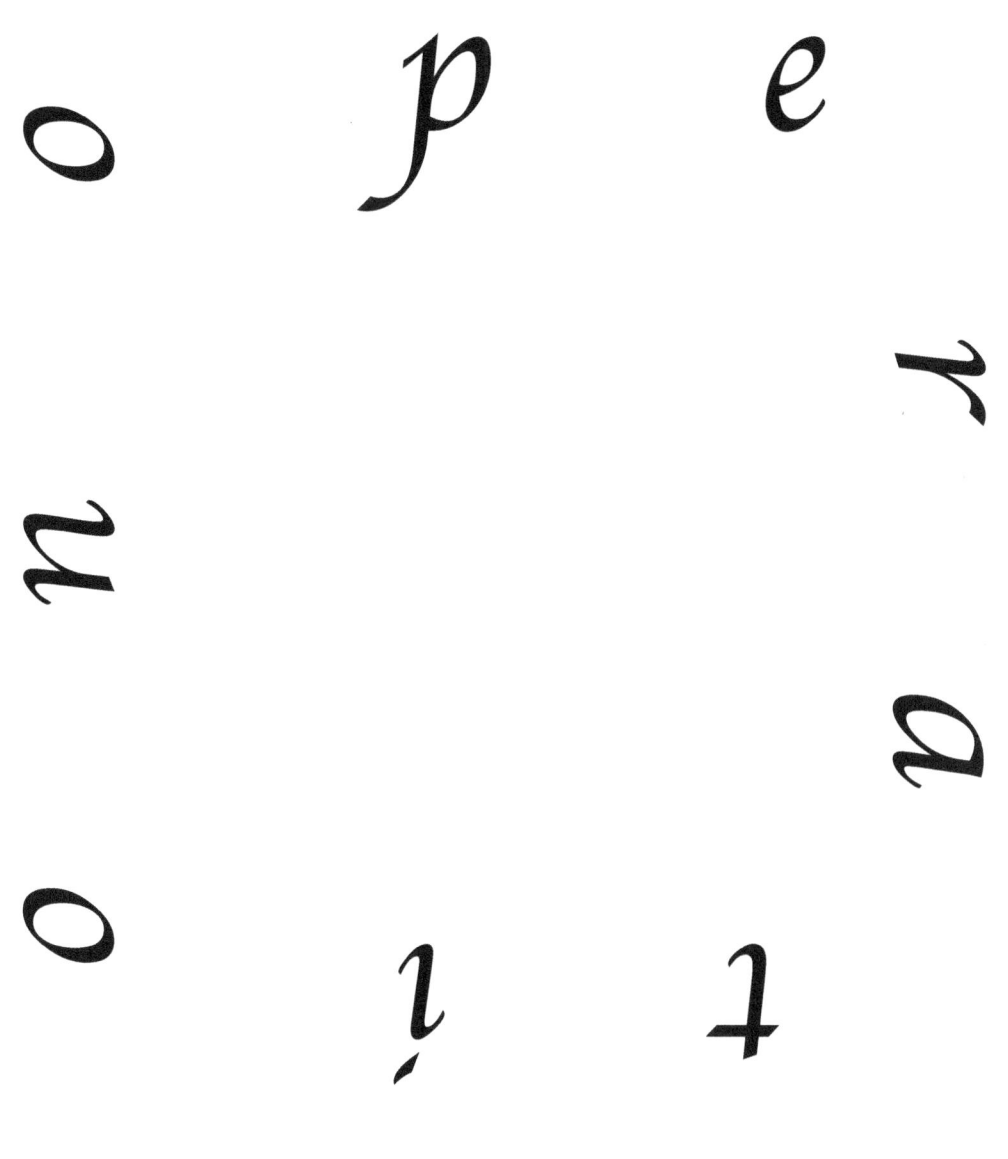

p a r s e t n u

r

a

c

e

u

a

n

a

a

t

m

ə

y

n

e

t

l

t   i

a

r

e

u

t

ə

s

a t a

e   g

u i r

n

i

s

d

i

i

p

d

n

i

ß

t

s

∂

a

r

c

e

p

v

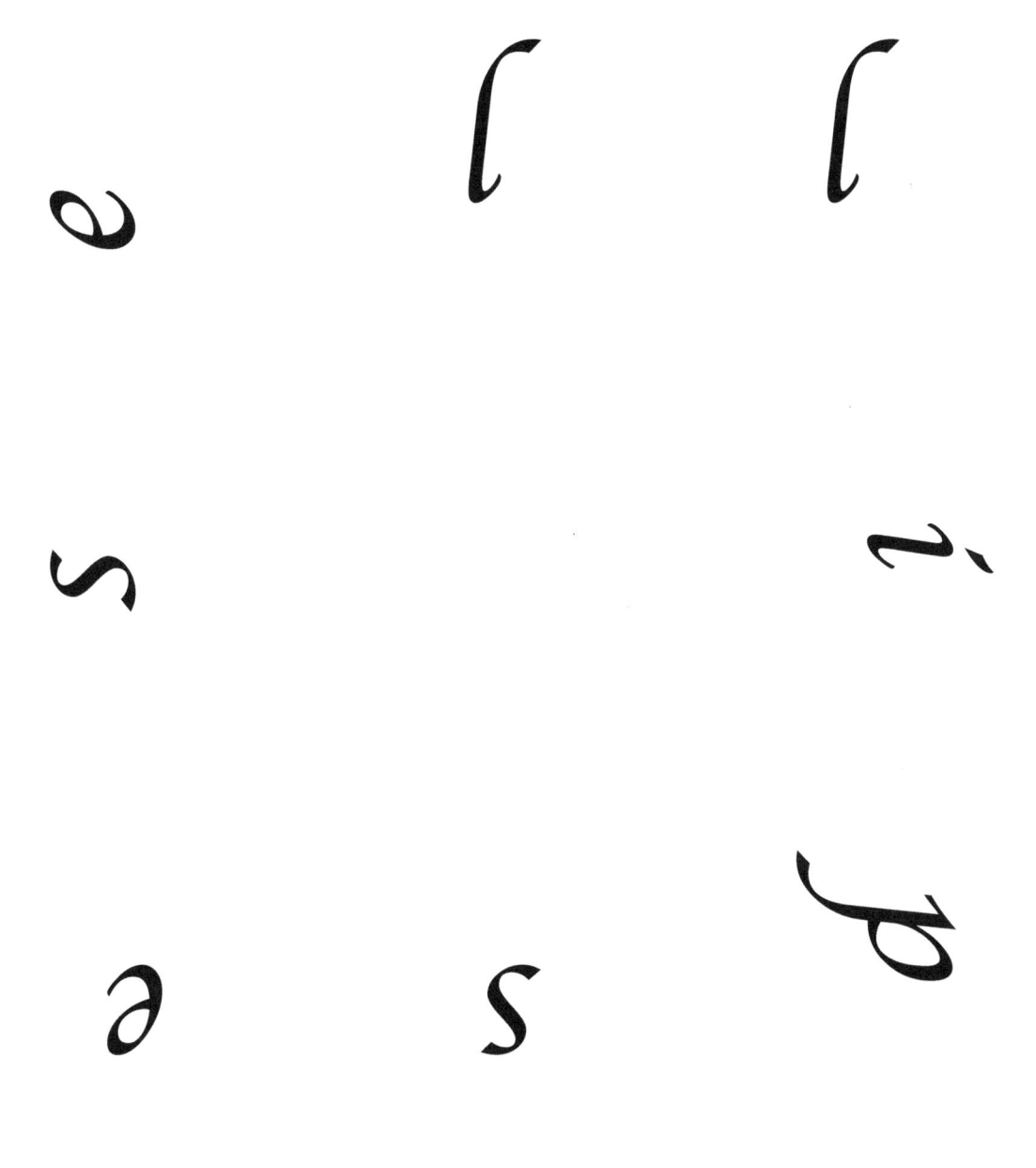

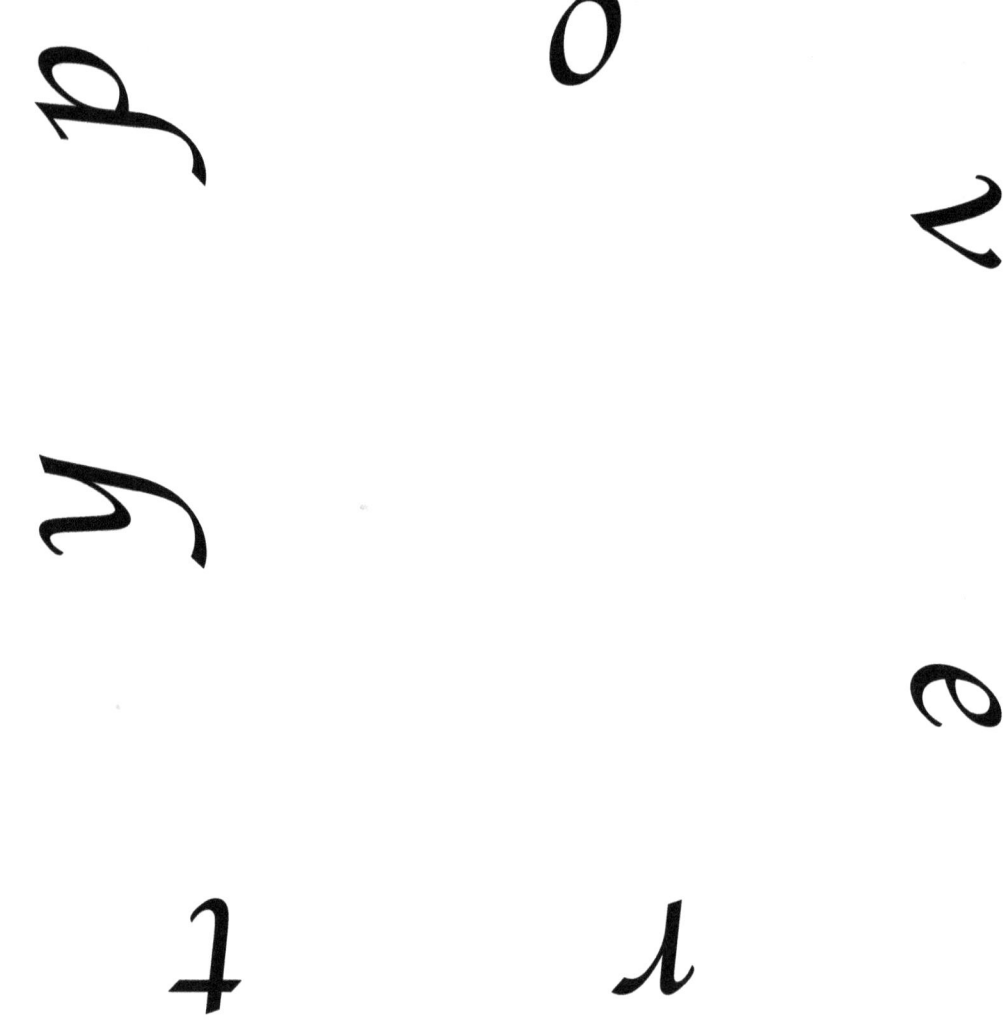

intersect

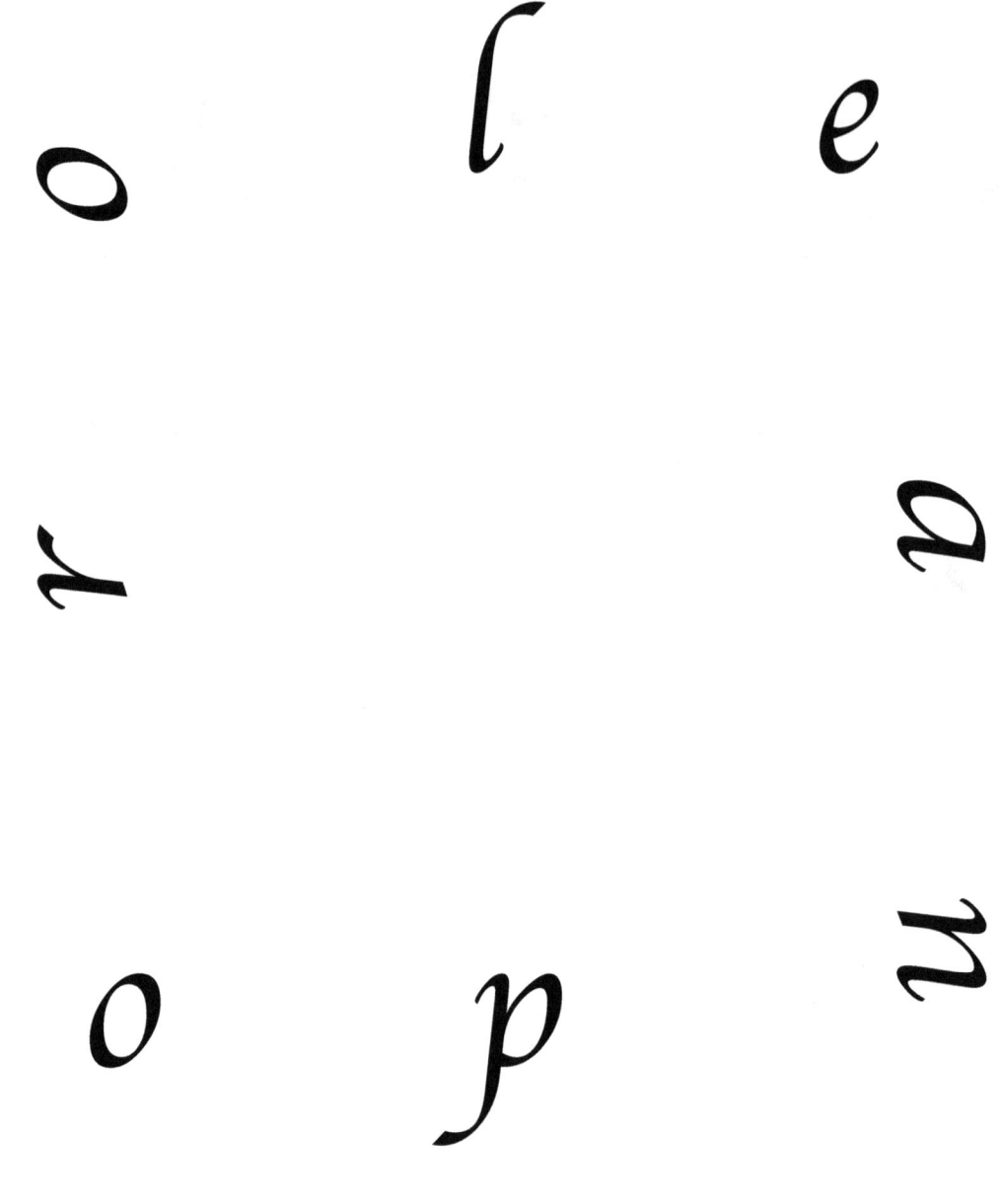

a

g

e

t

i

s   u

t h e o o g r

m

a

i

t

s   p

n

k

n

n

w   o

versatile

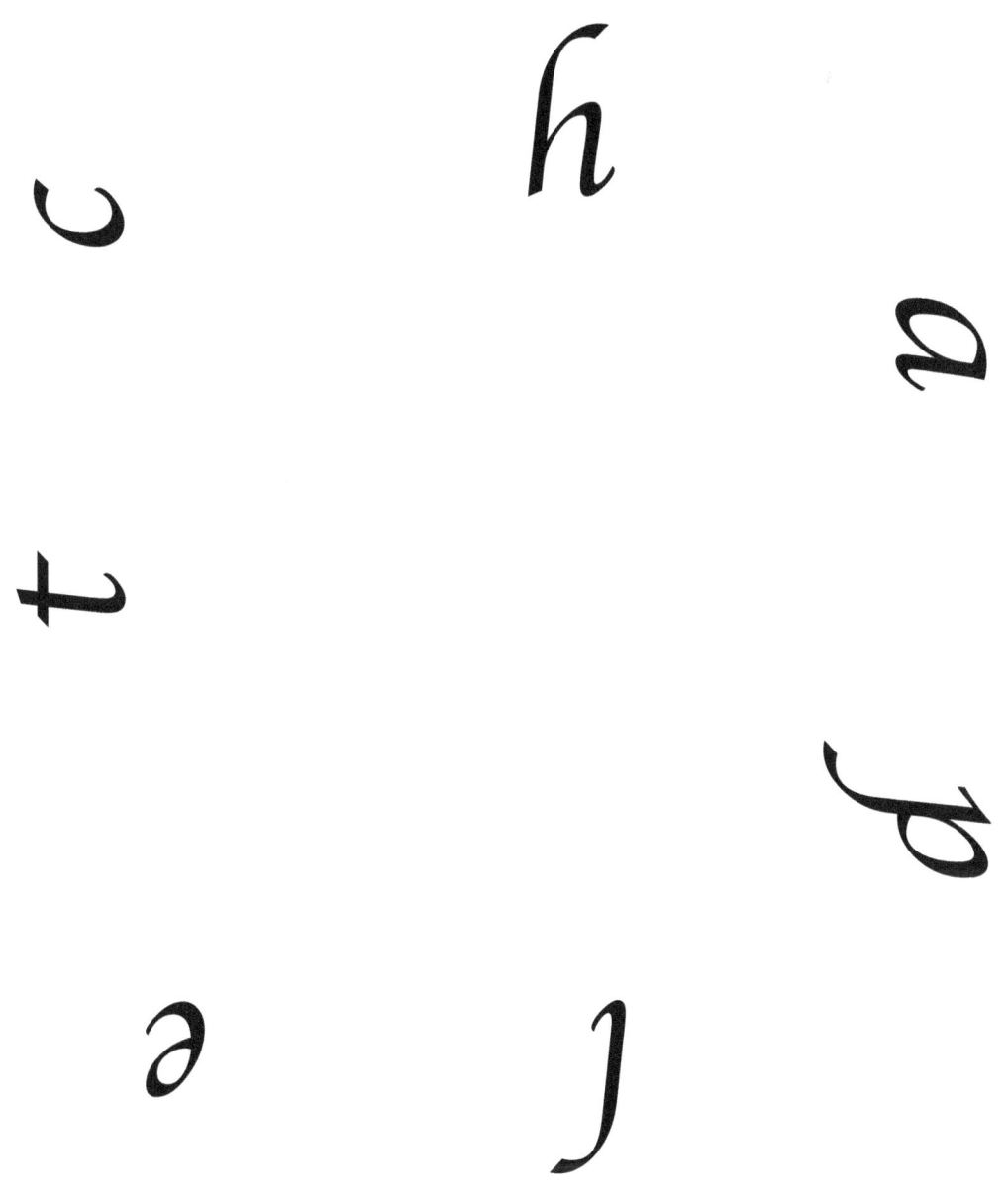

m

a

n

a

p

J

a

s

t

u

o

c

c

n

e

p

e

o

s

r

r e

e s

u n

a

s

t

e

r

p

i

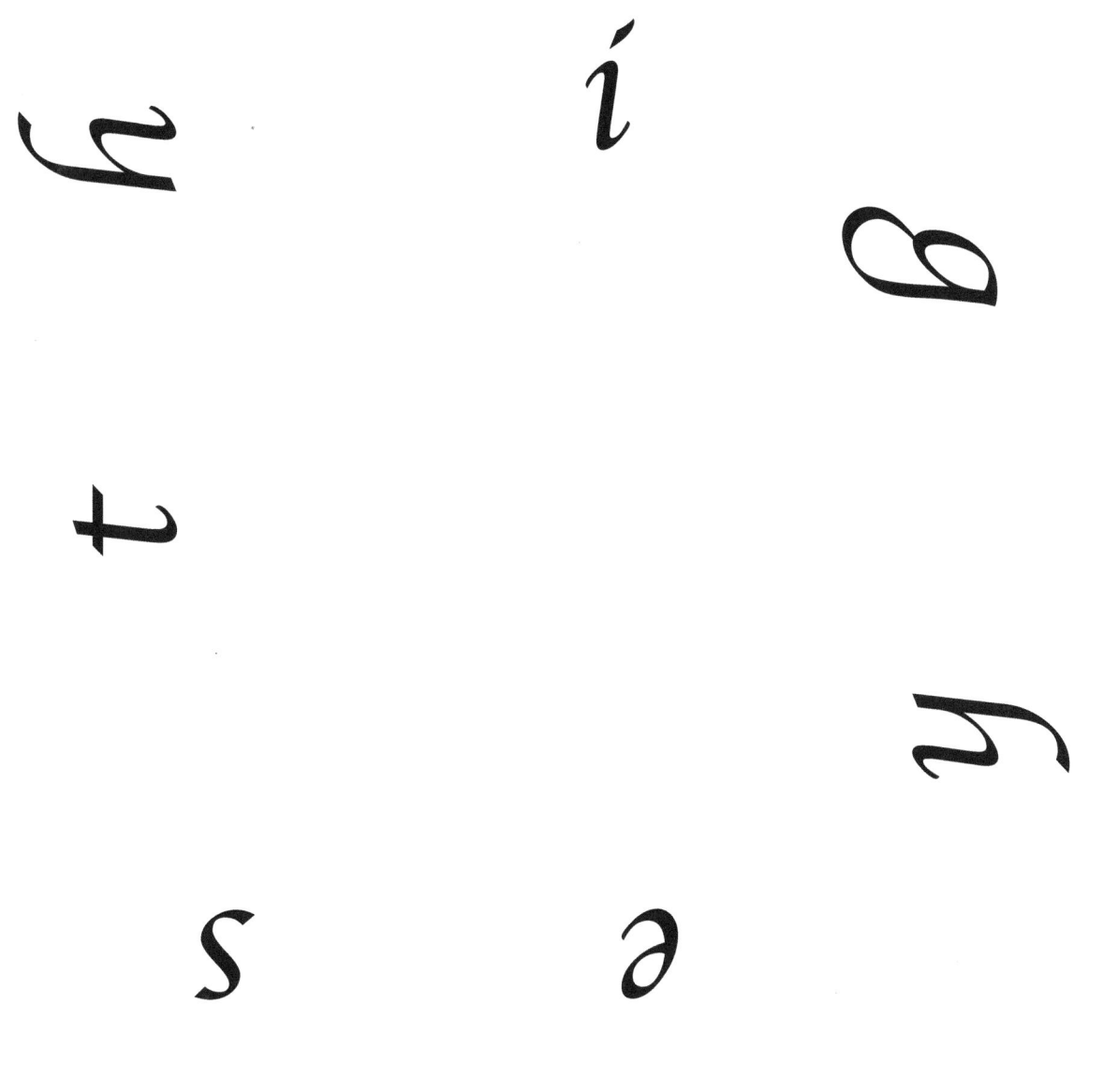

n

i

z

e

o

v

J

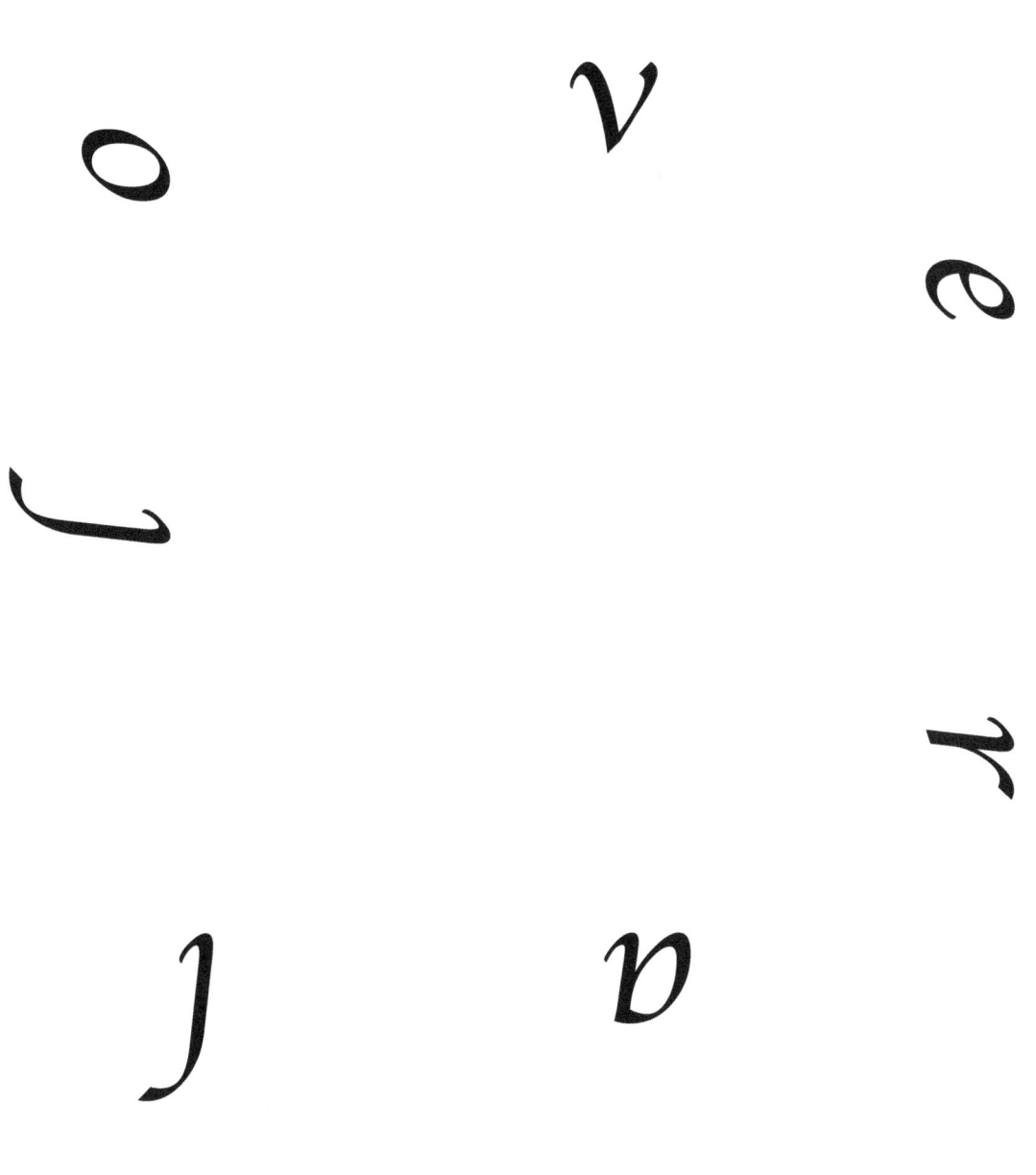

r

o

n

B

i

n

i

s

e

J   o

b

a

t

n

t

y

n

e

t

t

r

s n

t

s

y

e

j

z

i

www.ingramcontent.com/pod-product-compliance
Lightning Source LLC
Chambersburg PA
CBHW080638170426
43200CB00015B/2878